企業研究者のための人生設計ガイド

進学・留学・就職から自己啓発・転職・リストラ対策まで

鎌谷朝之　著

ブルーバックス

●カバー装幀／芦澤泰偉・児崎雅淑
●カバー・本文イラスト／江口修平
●目次・章扉デザイン／芦澤事務所・児崎雅淑

まえがき

「理系の研究者」と聞くと、皆さんはどういうイメージを持たれるだろうか。人それぞれだろうが、ノーベル賞を受賞された多くの日本人科学者の顔や名前を思い浮かべる方も多いのではないかと思う。

過去のノーベル賞受賞者を見るとその多くは大学の先生だ。このため「理系の研究者＝大学の先生・公的な研究所の研究員」とイメージしてしまうかもしれない。そんな中にあって化学賞を受賞された島津製作所の田中耕一さん（二〇〇二年）や旭化成の吉野彰さん（二〇一九年）、物理学賞を受賞された元日亜化学工業の中村修二さん（二〇一四年、現在はカリフォルニア大学サンタバーバラ校教授）のように、民間企業に勤めながら世界に通用する立派な研究を成し遂げた方もいらっしゃる。また、学術論文や学会発表のような形ではなく、世のため人のために役立つ製品やサービスを送り出して業界内では「知る人ぞ知る」というような存在になったすごい研究者だってたくさんいるのだ。

しかし企業に勤める研究者の日常は、企業秘密に関わる業務が多いこともあって表に出ることはあまりない。それは結果として、理系で研究者を志す若者が企業にある多くの研究開発職の存在を知らぬまま社会に出てしまうことになり、将来の選択の幅を狭めてしまうことになりかねないのではないかと思う。

この本は製薬会社に勤める僕が、読者の皆さんに「企業で理系研究者として働く」ことについて少しでも具体的なイメージを持っていただけるようにと願って書いたものである。研究所時代の僕の個人的な経験も織り交ぜながら「企業で働く研究者とはどういう人たちか」ということを説明した上で、企業研究者として充実した人生を歩むために「本当に大切なことは何か」ということを自分なりに考え、まとめてみた。

話を始める前に、一つだけ大切なことを申し上げておきたい。

この本では主に僕が学生だった一九九〇年代ごろから始まり、会社の研究所を離れた二〇一一年までの経験をもとに、僕の個人的な意見を挟みながら書いている。だから僕の現在の勤め先や関連業界全体の状況を反映したものではないし、もちろん僕の勤務先を含む特定の会社の戦略や立ち位置を述べたものでもない。あくまで当時の僕が経験した環境をもとに書いたものである。

だから、皆さんがこの本を読んで何か主義主張のようなものを感じることがあるとすれば、それはあくまで著者の個人的なものであることをここに記しておきたいと思う。

もう一つ注意していただきたいのはこの本が就職を控えた学生の皆さんを対象としたいわゆる「就活マニュアル本」ではないということだ。文中には「会社に就職しようか、それとも大学に残ろうか……」と悩む大学生・大学院生の皆さんのために僕なりのアドバイスを記したところもあるが、企業に就職するためのノウハウを伝えることがこの本の主眼なのではない。むしろ僕の狙いは――大それていることを承知で申し上げるのだが――研究を志す皆さんが「企業研究者のリアルな姿」を知っていただくことを通してこれからの人生をどう歩むかを考えるきっかけを作っていただくことにある。

また、学生の皆さんだけでなく、すでに一足先に職を得て社会人として活躍されている研究者の方々にもこの本を手に取っていただきたいと思っている。

ご存じの通り、長らく日本経済を支えてきた終身雇用制度は公務員・民間を問わずあらゆる職業においても完全に形骸化してしまっており、アカデミアから企業に転身したり、若くして別の会社に転職する研究者も出てきている。また、中にはリストラや組織改編などをきっかけとして本人が望まない形での転職を余儀なくされる人もいる。
かく言う僕も転職やリストラを経験した研究者の一人だ。結果として日本、アメリカ、イギリスを転々とすることとなったが、おかげで大変貴重な経験をすることができた。詳しいことは本文で述べるが、大学・企業を問わずあらゆる研究活動がグローバル化している今、日本人が海外の企業で研究者として働くことが珍しいことでなくなる日はすぐそこまで来ていると思う。そんな中で海外の研究機関への留学や海外を拠点とする企業への就職を考えている皆さんにも参考になるようなマインドセットを盛り込んだつもりだ。

この本に書かれているのはこれまで「製薬業界」という狭い世界で働いてきた僕の個人的な体験と視点に基づくものだが、専門的な言葉を極力避けてなるべく一般の人にもわかるような表現を使うことを心掛けた。たとえ業界や世代が異なっていても、企業で働く研究者・技術者の方々やそういう仕事に興味のある学生の皆さんならきっと共感していただけるようなエピソードや心構えを盛り込んだつもりである。また、巻末には僕と同じ医薬品業界に身を置く二人の女性研究者へのインタビュー記事を載せている。仕事にプライベートに充実した時間を過ごすこの二人の力強い言葉の数々は、大学・企業を問わず研究者を志す若い方々（特にリケジョの皆さん）の背中をしっかり押してくれるはずだ。

この本を読んだ若い皆さんが製薬会社に限らず、企業で研究開発に携わることについて興味を持ってくだされば、著者にとって望外の喜びである。

二〇一九年十二月　　著者

第Ⅱ部 ある企業研究者の履歴書

第Ⅲ部 企業研究者インタビュー

第I部

企業研究者への道

第1章 企業で働く研究者の仕事

毎年、大学受験の時期になると「文科系と理科系のどちらが人気か」という話題がメディアに上る。

論調はその時によって異なるが、一般論として「理系は好不況の波にあまり大きく左右されず、就職してからの収入も文系より高め」とされている。大学でこそ非常に専門的な分野を学ぶことになるが、社会人としての選択肢も研究開発職に加えて多くの専門職（例えば医師や薬剤師など）と幅広い。世の親御さんの多くが子供に理系に進んでもらいたいと思っているという話も方々で聞く。

しかし一般に「理系を選択し、研究開発の道に進む」と聞くと、多くの方は大学や公的な研究機関での仕事をイメージされることだろう。これはメディアに登場して脚光を浴びる「研究者」の多くがそういった大学や研究所で働く人たちだからだ。

一方で理系の大学・大学院を出た学生の多くが民間の企業に就職し、研究開発に従事しているのだが、「どういう仕事をしているか知っている」とか「実際に見たことがある」という人はそれほど多くはないのではないだろうか。

しかしながら、企業研究者の仕事の規模や重要度は決して無視できない。その一端を示すのが、総務省統計局が毎年日本国内の会社や大学などに対して行っている研究開発関連のアンケート調査である。その成果は『科学技術研究調査結果の概要』という名前のレポートで毎年まとめられているのだが、それによると平成二十九年度の科学技術研究費は十九兆五百四億円にのぼり、このうちの約七割に相当する十三兆七九八九億円が企業の研究費というのだ。これは一年間に日本政府が計上する公共事業費と防衛費を合わせた額を上回る莫大な額になる。つまり毎年これだけのお金が民間企業によって理系分野に投資され、多くの理系研究者がそれに従事しているとみなして差し支えなかろう。

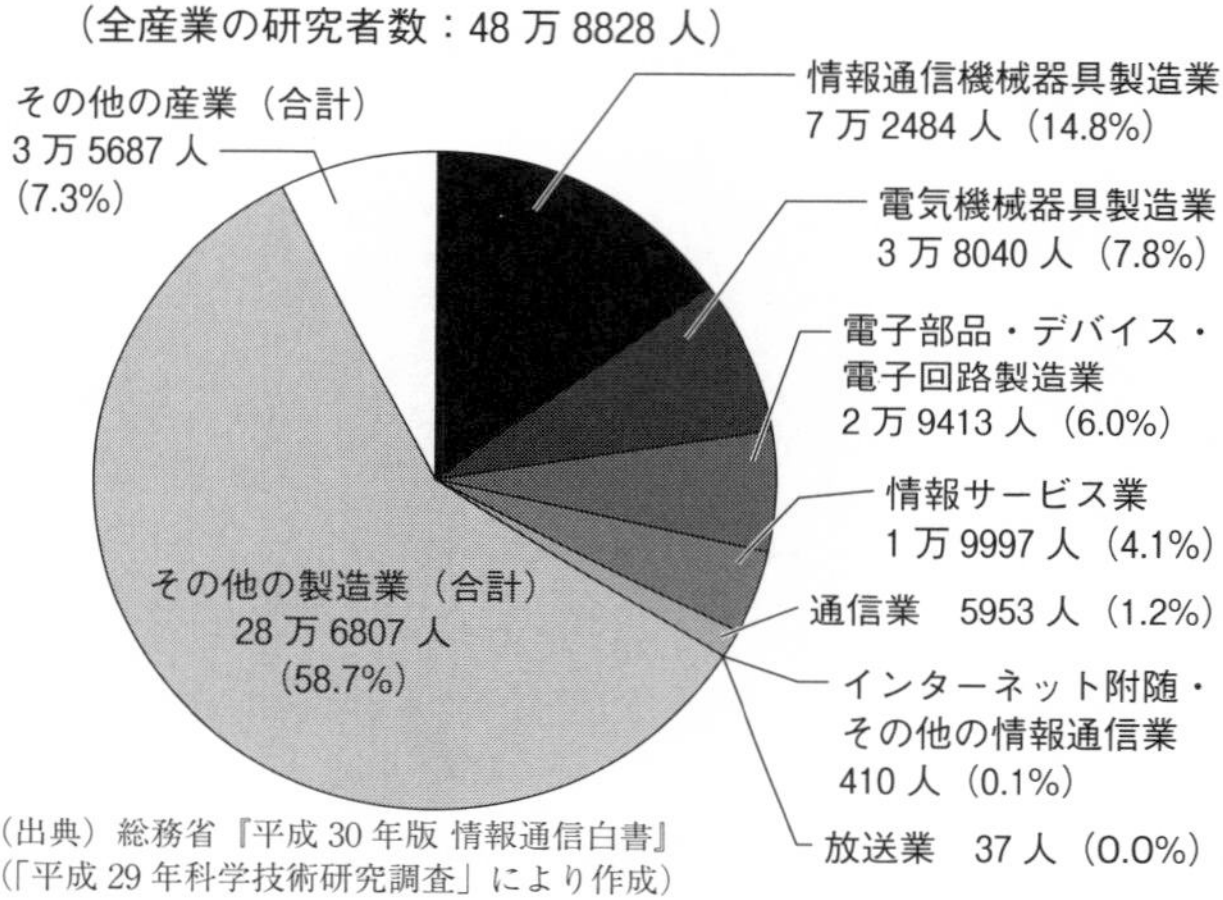

（出典）総務省『平成 30 年版 情報通信白書』
（「平成 29 年科学技術研究調査」により作成）

図1-1 企業の研究者数の産業別割合（2017 年 3 月 31 日現在）

総務省によるこのレポートには民間企業が雇用している研究開発者の数も記されている。その数は四十八万八八二八人で、日本国内の研究者の約五七・三%を企業研究者が占めている。数の上では大学などで働く研究者（三十二万六二〇〇人）を大きく上回っている。日本の将来の産業の原動力が彼らの肩にかかっている、と言っても過言ではない。ちなみに総務省によるこの調査とは別に文部科学省が日本の有力企業三六九一社に対して研究開発関連のアンケート調査を行っていて、この成果は『民間企業の研究活動に関する調査報告』という名前のレポートで毎年まとめられている。こちらには研究者数や研究費の動向だけではなく知的財産活動への取り組み

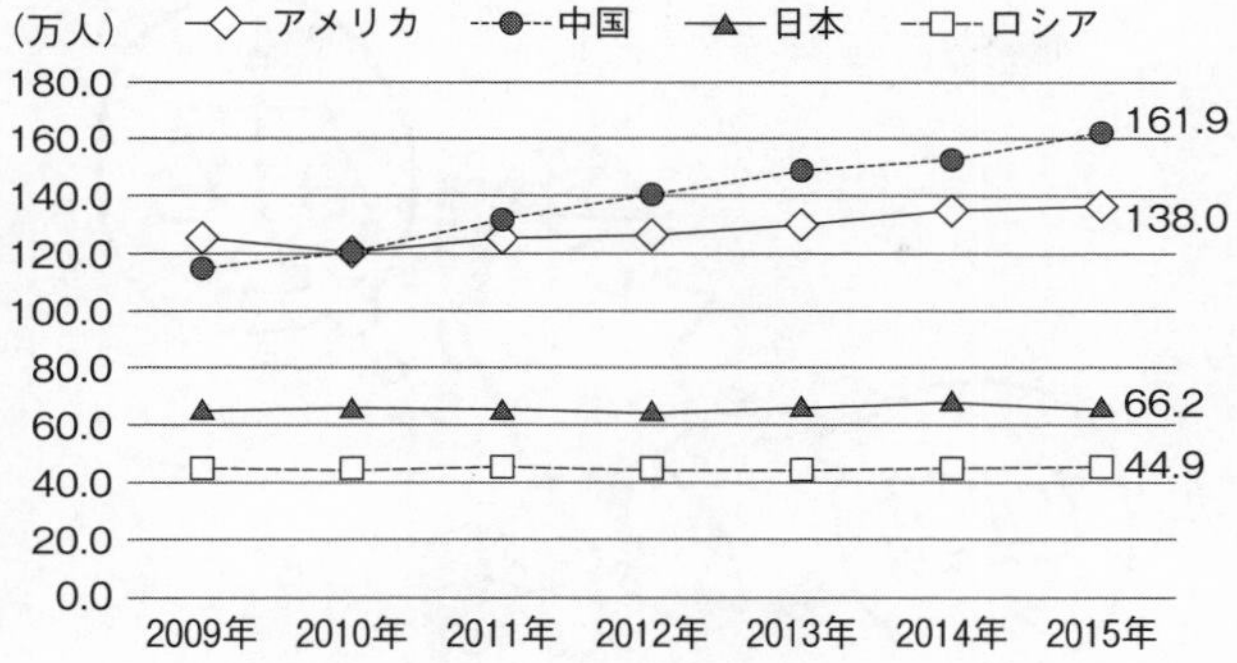

図1-2 主要国の研究者数（専従換算値）の推移（経済協力開発機構）
平成27（2015）年度で研究者数をみると、日本の研究者数は66万2000人で、中国、アメリカに次いで第３位。中国の躍進が著しいものの、日本が依然として科学技術立国であることがわかる

やいわゆる「産学共同研究」についての調査、研究開発者の採用状況など様々な情報が掲載されており、経済誌や業界誌が折に触れて実施する企業向けアンケート調査とは比較にならないほど巨大な母集団なので信頼度も高い。皆さんも機会があればぜひご覧になっていただきたいと思う。

企業での研究とはどういうものか

では、企業の研究は大学のそれとどこが違うのか。それはずばり、企業の研究が「営利目的」であることだ。その研究活動が将来新しい製品やサービスに実を結び、利益を上げることができることを期待して企業は研究者

企業研究者とアカデミア研究者の違いは営利性の追求の有無にある

を雇用し、莫大なお金を投資するのである。だから一般的に企業研究者の給与は大学教員のそれより高いことが多いし、組織としても個人としても経済的な基盤が比較的安定しているとされる。

一方で、営利目的であるがゆえに研究テーマには将来性が求められ、研究者一人一人がテーマを自由に選べるというわけではない。また、ひとたび担当のプロジェクトが決まれば短期間で研究成果を求められることも少なくなく、優先順位の高いものなら数多くの人たちが関与することになるので一個人としての業績が見えにくくなってしまうことも珍しくない。また、たとえうまくいっていたとしても途中で社内での優先順位が変わることがあるのはもちろん、競合他社に先を越されてしまった場合は「開発中止」の憂き目に遭うことだってあるのだ。

このように書くと皆さんは「営利目的」について悪い印象を持つかもしれない。しかし、大学や公的機関の研究には基礎・探索的なものが多く、ともすれば社会との接点がはっきりしないものもあるのと比較すれば、企業の研究開発活動の場合は比較的短期間で製品やサービスとして世に出ることが多く、売り上げの大小にかかわらず社会の役に立てていると実感することができるだろう。そこに企業研究者としての醍醐味を見出すことができると僕は思う。だから、「好きな分野での研究を通して社会に貢献していきたい」と思っている若い理系の皆さんにとって、企業の研究開発職というのはとても魅力的な職場に映る筈だ。

企業と大学の間を行く「ベンチャー」の存在

また、こういった企業と大学の高い垣根を超える組織として近年存在感を増しているのが「ベンチャー」だ。

将来きっと社会の役に立つと信じ、資金を集めた上で起業するベンチャー。特にアメリカでは医薬品業界など多くの業種で今や「会社」として当たり前の形だ。もっとも常に投資家から資金を調達しなければならないので経済的に安定しているとはお世辞にも言えないし、失敗すれば破産という大きなリスクと隣り合わせだが、夢を追い求める研究者たちのガッツは大学・企業ともに見習うべきところが多い。翻って日本のベンチャーはまだITやサービス業の分野に限られており数も多くないようだが、それでも大学の研究に端を発するベンチャーが少しずつながら増えていると感じる。これからの動向に目が離せない。

以上、ざっと企業研究者の特徴を簡単に一般論として示した。次の章からは企業研究者がどのような道をたどってこの職にたどり着くのかについて見てみたい。

第2章 学士・修士で卒業するか、博士号を取るか？

日本の教育システムにおいて学生が「理系に進む」と決めるのは高校課程の最中となる。理系に進む理由は「数学が得意」「理科が好き」など十人十色かと思うが、いざ大学に入ってみると授業も格段に難しくなり、文系を選択した人たちと比べると課題もやや多めで大変な思いをすることだろう。でもその分野が好きであれば何とかやっていけるものだ。

しかし理系で大学に進学した後、程なくして多くの学生が大きな悩みに突き当たる。「大学院に行こうか」ということと「大学院に行くのであれば修士で卒業するか、それとも博士を目指そうか」ということだ。

学部卒で就職するか、修士に進むか

文科省がまとめた『民間企業の研究活動に関する調査報告』によると、二〇一七年度に新卒で民間企業に採用された研究開発者のうち学士は一九・三％にとどまり、四九・四％は修士卒だ。こういう状況のため「大学であろうが企業であろうが、研究開発の第一線を目指すのであれば大学院の修士号は必須。できれば博士号を……」という認識の人が多いのは確かだ。

ただ、「研究開発職」の括りであってもエンジニアのような技術色の強い職種の場合、必ずしも大学院進学が必須ではない場合だってある。僕は企業の研究者として駆け出しの頃、与えられたプロジェクトを進めていく上でどうしてもわからない化学工学上の疑問・課題について日本・米国の多くの優秀な理系エンジニアに教えていただいたが、全員が博士号をお持ちでない方だった。エンジニアという職は知識だけでなく現場での経験も重視されるので、修士号すらないのに管理職で部下を何人もお持ちの方も珍しくなかった。この分野では能力と経験さえあれば学位など問題にされないのだと実感することしきりだった。だから少なくとも僕は「研究の第一線にい

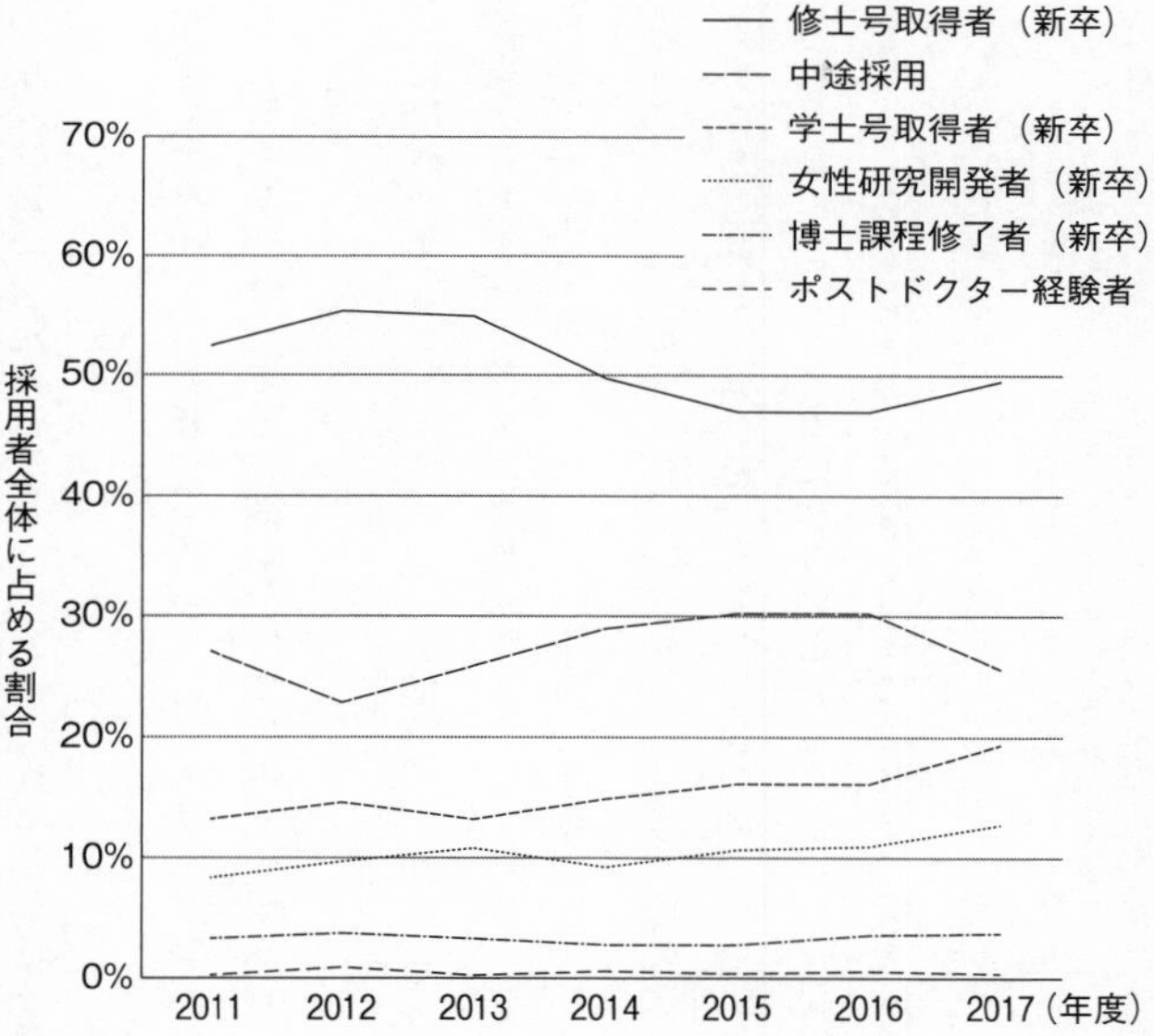

図2-1　採用された研究開発者の学歴・属性別割合の推移
（文部科学省：民間企業の研究活動に関する調査報告 2018）

学歴が不明等の採用者が採用者全体に含まれている場合があるため、学歴別の割合の合計は100％にはならない。女性研究者（新卒）と各新卒のカテゴリーは重複しているたい」イコール「絶対大学院に進学しないと」とか「絶対博士号を取らないと」という風には考えていない。

一方で、現場での経験より最新の学術論文の読み込みや革新的な発想を求められるような職種を目指すのならさすがに学士までの知識だけでは不充分であり、大学院に進んだ上で少なくとも修士号を取った方がいいだろう。

ちなみに先に触れたエンジニアや製造現場で実際に作業をする「オペレーター」と呼ばれる人たちを「技術職」として研究開発職と区別する人がいるが、僕の知っているエンジニアやオペレーターの方々は日々新しいテクノロジーや科学と対峙していて、全く同じ作業を繰り返すのではなく毎回いろいろな工夫を凝らしてよりよい製造工程になるよう努力しているので、こういう仕事に従事する人たちも同じ「研究職」としてもよいのではないかと個人的には思っている。豊かな経験に裏打ちされた知識とともに新しいことにもどんどん挑戦していく好奇心も兼ね備えたエンジニアやオペレーターの皆さんに対し、僕はこれまで最大限の敬意をもって仕事をご一緒させていただいている。理科系の学生の皆さんにぜひ目指していただきたい職種の一つである。

修士号取得後に卒業するか、博士号取得を目指すか

では、企業における研究において博士号というのはどういう意味を持つのだろうか。

理系のキャリア指南書を紐解くと「大学に残ろうが企業に勤めようが、一人前の科学者として認められたければ博士号を取るべきだ」という趣旨の説明・主張が書いてあることがある。まるで「博士号がないと一人前の研究者として扱われない」というような論調の本も少なくない。

しかし研究者としての価値は本来、その人の知識の深さとこれまでの研究成果によって判断されるべきであり、学位で決まるということはあってはならないと思う。また、少なくとも僕の個人的な経験の範疇においては「この人は優秀な科学者なのに『博士号がない』という理由だけで不当な扱いを受けている」と感じるような状況に直面することはなかった。基礎研究に近い仕事であっても修士号だけで企業の研究者としてのキャリアをしっかり積めた人は私の記憶の中にたくさんいる。もっとも、海外の会社や日本国内の外資系の会社を中心として博士号があった方がより高いキャリアを積めるというところもあると聞いているのでケースバイケースかもしれない。

大学院へ行くか？　それとも企業に就職するか？

一方で、僕は結果的に勉強と研究を何年も続けて博士号を取ることになったが、その理由はとても簡単だ。「研究が楽しい！　もっと極めてみたい！」と思ったからだ。そして、もしあなたが今、同じことを思っているのであれば、「是が非でも大学院に行き、博士号を目指すべきだ」と声を大にして言いたい。

研究の真の面白さは大学院での研鑽を通して初めて明らかになる。また、（これは皆さんにも容易に想像がつくと思うが）一年や二年で成果が出せるような研究テーマはとても少ない。何年も腰を据えて取り組むことで、成功確率もどんどん上がってくるものだ。博士号を目指して研究することの醍醐味はまさしくここにある。

また、その過程で得た知識や経験、人的ネットワークは社会人になってからの研究活動にとどまらず様々なところで役立てることができ、一生の財産になる。だから僕は博士号を取ることにメリットは絶対あると思っている。

博士号を取ったら企業に就職できるのか

一方で、博士号を目指す決断をする際に「博士号取得後に安定した職に就けるのか」と悩む人も多いことだろう。博士号を取ったら企業就職は望めず大学に残るしか選択肢がないのではないかと考えている人もいるかもしれない。

そんな皆さんの悩みに答える前に、僕の身の周りで起こったことを話そう。二十年近く前のことながら今でもよく覚えているのだが、僕が日本で大学院一年生になる直前にバブル崩壊による企業の採用抑制が始まった。今では信じられないことだが、その僅か一年前（つまり僕が大学四年生のとき）までは、多くの理系学生が「給料がもっといい」という理由で銀行や証券会社に就職するという状態だったのが、この年を境に就職環境が極度に悪化したのだ。そこに日本政府の肝いりで実行に移された「大学院倍増計画」が重なったため、僕の周りには「俺が博士号を取るころには企業の採用数が改善されているに違いない」とか「博士の方が就職の際に修士より有利じゃないか」という安易な気持ちから博士課程に進んだ学生が多くいたのだ。

しかし結果として企業就職の環境はしばらく改善しなかった。しかも政府関係者が期待していたほど民間企業の博士採用熱は上がらず、少子化が始まって大学のポストも増えなくなったことも重なり、結果として博士号取得者が定職に就けず任期一～二年の博士研究員（ポストドクトラル・フェロー、略してポスドク）としてあちこちの大学・研究所を渡り歩くという「博士難民問題」が始まってしまった。

僕はこれまで二回アメリカに住んでいるが、最初の大学院留学時代（一九九四年～一九九九年）に現地にいた日本人研究者といえば日本の企業や大学で定職がある人が「語学研修」のような形で一～二年の短期留学として来るパターンばかりだった。しかし僅か三年後、会社の研究員として再度アメリカの土を踏んだ僕が見たのはそういう人たちだけでなく、日本で定職に就けず日本学術振興会などからの支援で博士研究員としてアメリカの大学・研究所で研鑽を積む日本人の皆さんだった。そしてその割合は年を追うごとに増えていったのである。

日本の博士だけが定職がなくなったかのように書いてしまったが、実はこれとほぼ同じころ、日本だけでなくアメリカやイギリスでも「定職に就けない博士」が問題になり始めていた。イギリスの学術誌『ネイチャー』が二〇一一年四月二十一日号に「PhD工場（The PhD Factory）」という記事を掲載し、かつて多くの優秀な理系博士を輩出した日米英がそろって「博士過剰状態」に陥って学位に見合う職を得ることができなくなっていることを報じている。米英の場合、二〇〇八年のリーマンショックをきっかけとして多くの企業が基礎研究の拠点を次々と閉鎖し、この分野に人員を割かなくなったことが大きい。一方で、当時経済的に大きく成長していた中国やインドでは、米英への留学ではなく自国の大学におけるカリキュラムや研究のみで優秀な博士研究者を輩出するようになり、そこを巣立った研究者が自国の会社に就職して研究開発に従事することも珍しくなくなった。

あれからかなりの年月が経過しているが、現在の日本において博士号取得者はどういう進路を辿っているのだろうか。

文部科学省では二〇一二年度と二〇一五年度に博士課程を修了した学生を対象に「博士人材追跡調査」を実施していて、その結果は二つの報告書の形で文部科学省のホームページから閲覧できる。調査対象には文系の博士も含まれるので必ずしも理系全体の傾向を反映したものではないが、少子化がさらに進んだことに加え、国立大学の法人化など様々な要因が重なって、大学や公的研究機関のポストは現在も決して多いとはいえないようだ。ただ、景気が持ち直したこともあって民間企業で博士号取得者を獲得する動きは少しずつ進んでいることが窺える。だから、僕が若い時と比べれば、博士号を取った後の企業就職の可能性は高くなったとみなしていいのではないかと思う。

しかし、数年先のことなど自分だけでなく恩師・先輩・両親の誰にもわからないことは肝に銘じておこう。自分の将来は自分で切り開くもの。周りのアドバイスを参考にしつつも、博士を目指すかどうかは最終的に自分で責任をもって決めるべきだと思う。「博士号を取る」ということは「研究者として独立し、全ての責任を自分で取ることをいとわない」と宣言するのと同じなのだから。

「就職に有利だから」「流行だから」という理由で大学院の学位を目指してはいけない

一方で、僕が個人的に若い学生の皆さんに絶対にやって欲しくないと思っていることがある。それは「就職に有利だから」という理由だけで修士や博士などの大学院の学位を取ろうとすることだ。

大学院とは本来、理系・文系を問わずあくまで研究の場だ。研究を続けたいという理由で進むべき道なのであって、研究が嫌いなのに「就職に有利だから」などという理由で行くところではない。

もちろん、先にも述べた通り研究に取り組む過程で得られた経験は研究以外のいろいろな場で役に立つ。でもそれはあくまで後の人生にプラスになる追加のスキルであり、単にそういう経験を積みたいからという理由だけで好きでもない研究活動に携わるのは決して実りのあることとはいえないし、下手をすると毎日の研究活動が苦痛で病気になりかねないと思う。

また、「流行り」の研究分野に我も我もと群がり修士や博士を取るというのも個人的には全く勧めない。

僕がこの原稿を書いている二〇一九年の段階だと、理系で大きな脚光を浴び就職先にも恵まれているのは人工知能や再生医療の分野だ。メディアにも頻繁に登場し、特にアメリカと中国がこれらの分野でしのぎを削っているため日本が出遅れていることを警告する報道も目立つ。もちろんこれらの研究が大変重要であることは確かだが、最先端の科学というのは時代に応じて変化していくものであり、これらの分野の研究者が未来永劫もてはやされるという保証はどこにもない。そしてひとたび廃れればその分野の研究者は大学・企業いずれの組織においてもお荷物の扱いになり、下手をすると職を失いかねない。

研究者として第一線で活躍し続けるためには、異分野を含む最先端の科学をきちんとフォローして自分の研究テーマをどんどん膨らませたり発展させたりしていく柔軟さか、今こそ脚光を浴びていなくても将来の可能性を信じてひたすら一つの分野を追求するストイックさ、もしくはその両方が求められると思っている。僕の大学・大学院時代の同窓生の多くが「有機化学」という決して花形とか流行りとはみなされない分野で頑張って活躍している姿はとても頼もしいし、一人でも多くの若い皆さんが彼らの背中を追いかけてくれればと願っている。ちなみに二〇一九年現在、有機化学についてはあまりに不人気であるため博士号を取得する学生が極めて少なく、企業からの求人の方が多い（つまり企業就職率がいい）という状態だそうである。

進学する大学院について——今いる大学だけではなく、国内外の他大学も考えよう

大学院進学に際しての心構えについて多く述べたが、大学院に進むにあたってもう一つ考えてもらいたいのが「卒業する大学とは違う所の大学院に進学する」ということだ。

日本の理系大学では学生が同じ学校の大学院に進むことを前提にしているところが多いが、研究者としての視野を広げたいのであれば別の大学に進むメリットは計り知れない。何よりも人のネットワークが一気に広がり、将来必ず役に立つ。大学入試の際は偏差値の高さから諦めてしま

うような難関大学だって、大学院入試なら全く異なる選考基準で学生を選んでいるはずだからチャレンジしてみれば合格するかもしれない。ぜひ挑戦して欲しいと思う。

そしてもし可能であれば、外国の大学院で学位を取ることもぜひ検討して欲しい。そうすれば最先端の研究に触れることができるだけでなく、他の国内理系学生にはない高い外国語の力を身に着けることができるからだ。

こんなことを聞くと「海外の大学院に行くなんて、法外なお金がかかるんじゃないか」と思われる方もいらっしゃるかもしれないが、少なくともアメリカの理系大学院留学に限ってはそうではない。詳しく説明しよう。

アメリカの学生たちは、大学院進学の時点で経済的に親から独立していることが当然とされている。しかるにアメリカの大学院のカリキュラムは非常に厳しく、日本の学生のように学業の傍らアルバイトで稼ぐというようなことが難しい。このため、大学院に進学したアメリカ人学生が自分の稼ぎから授業料を払うというのは不可能ということになる。

このためアメリカの理系大学院では、研究室の先生たちが学内外の研究費を申請する段階で自分のところに配属される学生の授業料と（僅かだが）給与を支払うことができるようにしているのである。つまり大学院に入学してくる学生は学費を払わなくてもよいだけでなく、「先生の研究のお手伝いをしている」という名目で生活費まで援助していただけるというシステムなのだ。この仕組みはアメリカ人だけでなく外国からの留学生にも適用されるため、留学のために必要な費用から「学費」が丸々消えるという大変ありがたい状態になるわけである。こんなお得な留学が他にあるだろうか？

もっともアメリカのＮＩＨ（アメリカ国立衛生研究所）、ＮＳＦ（アメリカ国立科学財団）を頂点とする科学技術研究費のプールには限界があり、政治・経済の状況を反映して増減することだってある。このため特に留学生向けの援助が今後もきちんと保障されるとは限らないことは念頭に置いておこう。例えばアメリカの州立大学においては留学生の学費は州内在住のアメリカ人より高めに設定されているところが多いため、「留学生を研究室に受け入れる＝アメリカ人より高くつく」と判断されて受け入れてもらえないという事態も考えられよう。しかし例えば、国籍にかかわらず学費が超高額なことで知られるハーバード大学やスタンフォード大学だって、大学院であればこのようなスキームを通して大学レベルよりはるかに安いお金で留学し学ぶことができるのだ。我こそはと思う人はぜひ挑戦して欲しいと願っている。

大学院留学の具体的なプロセスや手続きについては多くの成書があるのでそちらをご参照いただきたい。蛇足ではあるが、理系研究者が日本人の多く住む地域に留学すると「日本に帰国して受験生となる自分の子供のために理数系の科目を教えて欲しい」という依頼があちこちから寄せられることになる。普通のアルバイトより多めの謝礼をいただける場合が多く、学費の負担がなくてもいろいろ物入りなことの多い留学生の身としてありがたい収入源になるので、もし時間等が許すのであれば応えていただきたいと思う。

社会人になってからの大学院進学

なお、いろいろな理由で大学院進学や博士号取得をせずに就職したとしても、会社勤めをしながら大学院の学位を取る人が多いのは皆さんもご存じのことだろう。僕の身の周りにも何人かいるが、毎日昼間は業務に励みつつ、夕方から夜にかけて大学院の講義を聴講したり課題に取り組んだりしている彼らを見るとすごいと思う。

理系の博士号を取る人もいるが、ＭＢＡ（経営学修士）など企業でキャリアを積みたい人ならではのビジネス系の学位取得も人気である。選択肢の一つとして念頭に置いておきたい。ちなみにこちらについても、海外大学でＭＢＡを取るという可能性がある。語学力の上達にもつながる魅力的なオプションといえるだろう。

企業で研究するか、大学で研究するか？

ここまでは大学院に進むか進まないかという話だったが、ここからは大学・大学院を修了した後、一人前の研究者として企業に就職するか、はたまた大学で研究を続けるかということを考えてみたい。

しかしそもそも企業の研究者というのは一体どういう職業なのだろうか。大学での研究活動と何か違うことはあるのだろうか。

「ビジネス」としての研究――テーマは基本的に上から降ってくるもの

一般論として、企業の研究活動はビジネスニーズに合わせたものとなる。もっと直截的な言い方をすれば「営利目的の研究活動」という側面が強い、ということになるというのは先にも述べた通りである。

もちろん、企業の研究活動の中には「社会貢献」や「イノベーション促進」という観点から収益を求めないテーマで進める場合もあるが、そういうテーマに取り組むことを通して将来収益に貢献する人材を育成することを狙ったり、他にも収益に結び付くテーマを並行して走らせたりすることによって持続可能なビジネスに結びつけることが求められる。また、営利目的であることは同時に、研究成果が実際に商品やサービスとして世に出る可能性があることを意味している。企業の研究者がもっともモチベーションを感じるポイントだろう。また、利潤を伴う研究であるが故に企業研究者の給与は一般的に、大学におけるそれよりは高めに設定されていることが多い。

だから、企業の研究所に入ったら「自分から研究テーマを見つけてきて取り組む」というようなスタイルとなることはまずないだろう。仮にそういうことが許されている会社でも上司に許可

企業研究者は上から仕事が降ってくる

をもらうことは最低限必要だろうし、会社のお金を使うとしたら予算化が必要なので「重役会にかけるからプレゼンしろ」などと言われるかもしれない。

となれば、多くの企業の研究者にとって研究テーマとは「上から降ってくるもの」、すなわち上司などから「こういうものを作って欲しい」とか「こういう課題があるんだが」と言われて取り組むものではないかと思う。だから間違っても「私は博士号を持ってるんだから会社でも好き勝手にさせてもらえる筈だ」などとは考えない方がよいだろう。もちろん、大学院を出ているからという理由だけで入社早々第一線、最優先のプロジェクトを与えられてバリバリ働かせてもらえる……なんてこともあり得ない。修士だろうが博士だろうが、新しいところでスタートする時にはまずは下積みから……である。僕だってそうだった。そういった意味では、企業の研究者は大学と比べると自由度がやや少ないといえるだろう。

個人ではなく、チームで研究する

さて、「テーマの選定」以外に企業の研究ならではという特徴を挙げるとするならば、それは「チームを組んで実行する」ということだろう。

今でこそ大学の研究においても所属する研究者が他大学・研究機関の方々と共同で研究する機会が増えてきているが、そもそも研究成果をビジネスに結び付ける企業の場合、研究開発の開始から終了まで一人の研究者が企画・実行することなどほぼあり得ないと言っていい。例えば僕の勤め先を含めた製薬業界においては、最初の「シード（種）」となる化合物こそ一人の研究者がデザインと合成を担うことはあるだろうが、以後の非臨床研究→臨床研究→申請→承認→上市という流れの中で関係する人の数は雪ダルマ式に増え、折々に予算を確保するための経営陣との関わりを考慮すれば途方もない数の人たちがチームとして研究開発の推進を担うことになるのだ。

こうなってくると、研究を推進していく上で避けて通れないものとして登場するのが「会議」

企業研究者は一匹狼では生きていけない

だ。

研究畑を進んできた皆さんには往々にして会議を毛嫌いする方が多い。かく言う僕もかつてはその一人だった。でも、一人で黙々とやり続ける研究ならともかく、同じテーマに専門・担当が異なる二人以上の研究者が関わるのであれば話し合いによる合意形成は必須となる。

一研究者の立場としては、自分が最もやりやすく、思った通りの結果が出やすい方向に進めたいと考えることだろう。しかし仮にその研究者の考えがその部署全員の総意であったとしても、同じプログラムに携わる他の部署の代表者の利害とは一致しない可能性がある。関わる人の数が増えれば利害の組み合わせがさらに複雑化するからこそ、会議を通してプロジェクト全体の方針を決めていかなければならないのだ。

不思議なもので多くの場合、会議を通してきちんと話し合えば、大方針は自然に一つに絞られる。あとはその方針を一担当者、すなわち研究に直接携わる者のレベルまで納得できるように説明できるかどうかがカギとなる。その方針は研究者としては「足枷」となる可能性が高いからである。

僕自身は研究所にいた十年以上の間、いろいろな「足枷」に戸惑いながらもプログラム全体のためだと理解して業務にあたった。幸いどの「足枷」も充分納得のいく理由があり、いやになって投げ出したくなるようなものではなかった。むしろ今から振り返ってみれば、そういう「足枷」があったからこそ成功したプロジェクトばかりだったと思っている。

以上のように、企業の研究は複数の人や部署が関与する形で進むのが基本である。だから一匹狼を好む研究者にはあまり馴染めないだろう。

研究テーマは短期間で変わる可能性が高い

これに関連して、もう一つ覚えておきたいのが、研究テーマが短い期間でころころ変わる可能性があるということだ。

ビジネスとして研究をする以上、競合他社の動向や社会の流行・要請など様々な要因によって研究の優先順位が変わることは避けられない。このため、あるテーマについて腰を据えて取り組もうとしたところに「今あっちのチームで人が足りないから手伝ってあげてくれ」だの「他の会社がうちより早く製品化してしまったから開発中止だ」などと言われる可能性は高いと思っていた方がいい。残念だがこれも企業研究者としての現実である。

研究所の立地について

またこれは全く余計なことかもしれないが、企業の研究所は往々にして地方都市に位置していることが多い。大学でも理系の研究所は都会の中心に置かないことが多いが、企業の場合は僕の知る限り、大学よりもさらに田舎に建てられていることが多いと感じる。都会での生活を好む人にはつらいかもしれない。

もっとも、産学協同研究がどの国においても進みつつある今の世の中では、企業が単独で研究所を持つというスタイルがだんだん少なくなってきていると感じる。特に最近では企業と大学の研究者が同じ町や建物の中で研究するという形で大学のシーズと企業のニーズがより密接につながるようにする試みが進んでいるため、企業の研究拠点も大学へのアクセスがよいところやキャンパス内に併設といったスタイルが今後増えてくると考えられている。このため「企業の研究所は田舎にある」という固定観念は今後薄れてくるかもしれない。

企業研究者ならではのメリット・デメリット

まとめると、企業研究者は一般的に以下のようなメリットがある。

・大学と比べると給料が高いことが多い。
・組織として多くの資金を持ち、優先順位の高い領域にはたくさんの人材が投入される。
・研究成果が製品やサービスなど目に見える形で世の中に提供される。

一方で、大学の研究者と比べると以下のようなデメリットがある。

・研究テーマは基本的に会社が決める。
・組織やチームの一員として研究活動に従事することが求められ、研究成果を独占することはできない。

・研究の優先順位は多くの外的要因によって変わってしまうため、何年も同じテーマについて取り組むことは難しい。

博士号を取った後、「博士研究員（ポスドク）」をすべきか

「企業で研究するか、大学で研究するか」に関連して、博士号取得後に博士研究員（ポスドク）をすべきかどうかについて簡単に触れておきたい。

僕が学生だった一九九〇年代、化学系においては博士を取ってから一～二年の間だけ他の大学の研究室で博士研究員＝ポスドクをするということがごく普通に行われていた。アメリカの場合は自国内の他の大学に、日本の場合は欧米の研究室に留学の形というのが一般的だった。大きな目的としては、大学院時代のテーマだけでは研究者としてのキャリア上まだ少し見劣りがするため、異なったテーマに短期間取り組むことにより経験をさらに積むこと。それがひいてはポスドク終了時の進路（大学のポジション獲得もしくは企業就職）にプラスに働けばとの願いも入っていた。ただ僕の場合は、博士号取得を目前にして企業就職が決まったため、結果としてポスドクはやっていない。

翻って現在ではキャリア形成の考え方もずいぶん多様化していると感じる。一般論として大学に残りたいのであればポスドクをする方が圧倒的に多いが、企業の就職にメリットがあるかどうかは業種や専門分野によって異なると思う。

もっとも、日本の企業への就職を目指すのであれば海外での一～二年のポスドク経験は「外国語が堪能」とみなされ就職に有利に働く可能性はある。それくらい外国語の堪能な理系学生は社会に求められているのである。但し、就職活動において海外経験だけを売りにすると、就職後に通訳扱いされる可能性があるので個人的には勧めない。研究ができるだけでなく語学も堪能……という形で自分を売り込んでいけるよう、研究者としてのキャリアと経験・実績を積んで欲しいと思う。

それから、企業の研究所が有期雇用の研究職を募集しているのであれば、それに手を挙げる形で経験を積むのもキャリア形成においてプラスになるだろう。ただこういう「企業ポスドク」のようなポジションの場合、雇用期間の終了後に正社員登用……ということが必ずしも保証されているわけではないことは理解しておく必要があるだろう。また、研究テーマについても会社から与えられたものに取り組む形になる場合が多いことに留意しておきたい。

第4章

企業研究者になるとしたら、どの業種・企業・職種を選ぶか

――鎌谷流就活指南

僕が日本の大学に通っていた頃、理系の研究開発系で就職活動するといえばほとんどが「研究室（教授）推薦」や「学部・学科推薦」の形だった。

求人は企業から各大学の学部や研究室に直接入り、研究室内の先生と学生との間で調整が行われた上で就職先が決まっていく。博士号取得を希望する学生を資金面でサポートするため、企業からの奨学金を得て進学の上で修了後にその会社に就職するというパターンも珍しくなかった。

会社選択の自由がほとんどなかった半面、学生の「本業」である大学での研究活動に集中でき

るというメリットは確かにあった。就活のためにあちこち駆けずり回らなければならない文科系の学生からはうらやましがられたものである。

あれから数十年、就職活動は様変わりしてしまった。推薦を通して就職する理系学生の数はずいぶん少なくなり、学生が自ら自分の希望する職種・企業にアプローチする時代になった。就活期間の長期化に伴い大学での学業や研究がおろそかになっているという批判がある一方で、企業就職に際しては大学の先生の都合や意向を加味・優先するのではなく学生の希望を何より尊重するという意味では昔よりよくなったと言える。

エントリーシートの書き方や面接での受け答えのマナーなどいわゆる「就活テクニック」については巷に数多くの本があるのでここでは触れない。その代わりに「どういう業種に進もうか」とか「どんな企業があるんだろう」と漠然と悩む理系の皆さんに対して少しでも「応援歌」になりそうな鎌谷流マインドセットを披露したいと思う。

ちなみに僕は今の勤め先においてエントリーシートのレビューを含めた就職希望者の選考には一切関わっていないので、これから述べることは「就活を成功させるコツ」ではないことを予めお断りしておく。

どの業種を選ぶか——専攻・専門分野と就職先の関係

「理系」という大きな括りで勉強する高校時代と比べると、大学に進めば「理学部系」「工学部系」「医歯薬学部系」など進んだ領域によって授業の内容に違いが出てくる。そのため将来を考えるとき、例えば工学系なら「将来はエンジニアかな……だとしたら精密機械の会社に就職かな」という風にその領域のイメージに最も近いところに進むことを考えるかもしれない。

それでももちろん差し支えはないのだけれど、必ずしも領域の近似性にこだわる必要はないのではないかとも思う。

例えば僕は製薬会社に勤めているが、「製薬会社に勤めたいのなら薬学部を卒業していないとだめなのでは」と考える必要はない。もちろん薬学部で勉強することの中には会社での業務を進める上で役に立つことが多い。でもだからといって会社全体が薬学部出身者で占められているわけではない。社内にはマーケティングの専門家もいれば、医師免許を持っている人もいる。工場の稼働にはエンジニアリングのスキルが欠かせないし、新製品発売に先立つ各種資料や梱包パッケージの制作にあたってはデザインの得意な人に入ってもらわなければならない。知的財産（特許）部門には法律の専門家だっている。だから特定の業種や企業で「面白そうな仕事や研究をし

学生の選考過程はそもそもブラックボックス

ているなあ」と思ったら詳しく調べて欲しいと思う。

なお、僕が学生の時は各企業で「学閥」なるものが存在し、新卒採用に当たって特定の大学やその系列校が優遇されるというようなことが半ば公然と行われていたが、今はさすがにそんな時代ではない。一方で、企業がエントリーシートなどから意中の学生を選別していく過程があまり明らかになっていないことが就活生の不安を掻き立てているという。しかしそもそも学生の選考過程というのは会社によって全く異なるものなので、「この学歴・この専門であれば選考突破は確実」なんていうキャリアプランなど存在する筈がない。過度に心配せず、自分の信じた道を進んでいって欲しいと思う。

情報収集――私ならこうする

ところで、巷の就活本を紐解くと「業界の動向を勉強したり調べたりする際は、インターネットの無料記事や検索だけに頼らず経済誌や業界誌にも目を通そう」という趣旨の話が出てくることがある。ただよく調べてみるとそういう本の著者自身が経済・業界関係紙誌の編集者であったりすることがあるので文面通り受け取れない場合もあるものの、こういう新聞や雑誌に常に目を通すことが社会人になるにあたっての糧になることは間違いない。また、OB・OG・リクルーター訪問を活用して生の声を聞くのも参考になることだろう。

一方で、僕がこの場を借りて皆さんに強く勧めたいのが、研究室や大学図書館などで閲覧できる英字の学会誌に目を通すことだ。

業界紙誌はあくまで特定の業種について企業側の視点からの記事が掲載されているのに対し、学会誌を開けばあなたが今まさに専攻・研究している分野がどのような業界・業種に応用されているかを知ることができる。日本の学会誌は誌面のかなりの部分が学術的なことに割かれていることが多いが、海外の学会誌にはその分野に関連する業界や企業の動向についての記事が掲載されている。

例えばアメリカ化学会の週刊誌Chemical & Engineering Newsでは化学業界のことはもちろん、医薬品業界など化学に関係するありとあらゆる職種についての最新動向を定期的に特集している。それも驚くなかれ、アメリカだけでなく「World Chemical Outlook」などと題して日本を含む世界各国の最新情報をも発信しているのだ。記事本文だけでなく、どういう企業が広告を出しているかを見るだけでも貴重な情報になる。僕は学生時代、この雑誌をぱらぱらとめくって「へえ、化学はこういう業界にも貢献しているんだ」とびっくりしたことを覚えている。特に物理や化学の人材を必要とする会社にはいわゆる「Business to Consumer（B to C）」ではなく「Business to Business（B to B）」の業態が多いので、こういう学会誌に登場する業種や企業名はぜひ知っておきたいものだ。

そして何よりも英字学会誌は学術論文よりはるかに平易で身近な英語で書かれている。専門分野を極めたいと思いつつ英語に苦手意識を持っている人はまずこういう雑誌を読んで勉強することから始めてみるといい。そしてこういう英字学会誌を通して「日本の研究者や企業は海外からこういう風に見られているんだ」ということを理解していただければ、社会に出ていろいろな国の人たちと関わりあう時に必ず役に立つと思う。

大企業vs.ベンチャー、内資vs.外資、知名度……気になることは多いけれど

「この業種への就職を目指そう」と決めた後の悩みは人それぞれだろう。大会社に勤めるかベンチャーのような小さい会社を目指すか、内資と外資のどちらがいいか、等々。入ったところでその会社のカラーに馴染めるかなど心配は尽きないことかと思う。

ただこれから社会に出ようとしている若い皆さんには、「有望な業種はどこか」とか「外資と内資でかなり違うのではないか」などと現在の会社や業界の状況に一喜一憂し流されることだけは避けてもらいたいと思う。例えば「内資の方が福利厚生や終身雇用など日本の会社のよいところが残っている」という印象があるかもしれないが、最近では内資も含めどの会社も終身雇用を前提にしていないところが増え、福利厚生も縮小気味である。仮にそういう日本式の経営を続けている会社があったとしても突然外国の企業に買収されて「外資」扱いになったり、ある日までさんざんもてはやされていた会社がたった一つの不祥事だけであっという間に株価大暴落を経て大リストラ……なんていうことも珍しくない時代であることはご承知の通り。将来有望な業種や企業なんて、予知能力者でもなければわかる筈がない。未来永劫安定な場所はない、という心構

えで自分が本当にやりたい仕事を見つけていってもらいたいと願っている。

第5章

企業研究者に求められるスキル・経験と心構え

大学で研究者として生きることと同様、企業の研究者も厳しい競争の世界にさらされることになる。だから周りと同じことをしているばかりでは他の優秀な研究者の中に埋もれてしまい、なかなか目が出なかったりよい仕事が回ってこなかったり、下手したら配置換えになったり職を失うようなことにだってなりかねない。だから会社の中でもやはり多少なりと自分の個性や長所を生かしていけるようにしていきたいものだ。

ここからは若い皆さんが将来「企業の研究者」という道を歩んだ時にぶつかりそうな壁や悩み

を想像しつつ、その困難に備えて「どういう力（スキル）や経験を身につけておくべきか」ということと「どういう心構えを持つべきか」ということについて、僕の個人的な経験をもとに考えをまとめてみようと思う。

外国語を身につける

「いきなりハードルの高いスキルが出てきた」と身構えないで欲しい。数十年前ならともかくこれからの時代、大学・企業を問わず外国語のできない研究者は淘汰されると覚悟しておいた方がいい。だからこの章でこれから述べるすべての大事なスキルを差し置いてこの「外国語」を最初に持ってきたのだ。

僕にはかねてから、理系の教育カリキュラムで「どうにかならないか」と思っているところがある。それは「どうやって『理系では今や外国語が必須』という意識を中学・高校レベルで植え付けることができるか」ということである。

特に高校における進路選択に際して「英語ができる人はとりあえず文系」「数学ができる人はとりあえず理系」という割り振り方が相変わらず行われているのが残念だ。そもそも英語を必ずしも必要としない文系の職種はたくさんあるだろうし、英語を含めた外国語が得意な方が将来のキャリアアップのプラスになる理系の職種だって少なくないと思う。

例えば製薬会社の研究職は、まさに「外国語が得意な人大歓迎」のカテゴリーに属する。仮に内資の製薬会社に入ったとしても、今やどの日本の会社も海外に研究開発の拠点・提携先がある時代である。メールのやり取りに英語が使われるのはもちろん、部署によっては上司や部門長が外国人となって報告や会議が英語になってしまうことだって珍しいことではなくなっている。つまり「日本語だけで業務することなど不可能」と言い切ってもいい状態なのだ。また最初の数年こそ国内の研究所に所属していても、そのうち提携先の海外研究所と共同の業務が要求され、場合によっては「出向」の形で数年単位で海外に行かされる可能性だってある。製薬会社では今のところは英語圏もしくは英語が通じる国の研究所が主力なので英語さえできれば大丈夫だが、もしあなたが中国語など英語以外の外国語もできるのであればもう鬼に金棒、あっという間に引く手あまたになることだろう。

ところで「外国語でのやり取り」と聞いてまず思い浮かぶのは英語であり、それも超大国・アメリカの人たちとの論戦をイメージされる方が多いと思う。これが日本人にとってハードルをさらに上げる要因となっている。

アメリカでは小学校からプレゼンテーションやディベートの機会が与えられ、とにかく人の前面に立って主張することが求められ続ける。アメリカ人と一口に言っても個性はそれぞれ十人十色、おとなしい人もいれば活発な人もいるが、こと議論をすることにかけては一人残らず百戦錬磨の達人と言っていい。

こんな彼らとどう対峙していくのか。後の章で僕の経験談として詳しく披露したい。

学会で発表する経験を積む

「学会」というと大学関係者だけの集まりという印象もあるかもしれないが、企業研究者向けの学会もたくさん存在するし、大学・企業双方が参加するものだってある。こういう学会は大学時代の同級生や先輩・後輩、はたまた同業の知り合いにばったり出くわして旧交を温める貴重な機会となることは言うまでもないが、何よりも最新の研究成果を目の当たりにでき、実際に担当した研究者と話す機会でもあるわけだから、会社員になってもぜひ機会を見つけて参加してもらいたいと思う。

もちろん参加するだけでなく発表もして欲しい。それもポスターではなく口頭発表で、そして

学生時代は無理をしてでも国際学会で英語で口頭発表しよう

国際学会で。

「え〜、そんなことできないよ！」と思う気持ちはよくわかる。僕だって大学の卒業研究の発表会の時、たった五分の日本語による短いプレゼンだったにもかかわらずガタガタ震えてまともにしゃべることができなかった苦い記憶がある。でも勇気を振り絞って（というより完全に開き直って）あちこちで下手糞なプレゼンを散々やりまくった結果、今では日本語でも英語でも一時間以上しゃべり続けることが苦でなくなった。要は何度場数を踏むかが勝負なのだ。だったら大きな会場でたくさんの人たちを相手に説明する口頭発表を、そして日本人以外の人もたくさん集う国際学会において英語でやる方がよっぽどいい勉強になる。

大学・大学院の学生であるうちに英語での学会

発表が何度もできれば理想だが、社会人になってからでももちろん遅くはない。会社の仕事を学会でしゃべるとなると、知財部門などいろいろな方面に許可を取らなければならないという面倒さはあるが、それだけの手間をかける価値があると太鼓判を押して言える。

僕はこれまで、会社の研究所で関わった研究の成果をあちこちの大学や学会で発表・講演しているが、その度に聴講した皆さんからとても有益なフィードバックをもらい、後々の業務に大いに役立てることができている。皆さんも将来、機会を見つけて取り組んで欲しいと願っている。

また、「国際学会」だからといって外国に行かなければならないとも限らない。日本で開かれる国際学会も多いので、そこで英語でプレゼンするだけでも充分勉強になる。

僕はこういう学会で若い世代の皆さんがしゃべっているのを見るたび、日本人の英語能力も少しずつ上がってきていると感じて嬉しく思っている。ただこういう若い人たちはたいていポスター発表の方に回されているのが残念だ。大きな会場でしゃべっている日本人は企業のチームリーダー格か大学の教授・准教授のレベルばかりだが、こういう人たちの英語の発表は見ていて正直つらい。研究成果としては非の打ちどころがないものの、一字一句吟味された発表原稿を丸暗記し、寸分違わずスピーチすることに集中される方ばかりで、結果的に発表があまりにも味気なく映り、印象に残りにくいものとなってしまうのだ。価値に乏しい研究成果であるにもかかわらず、それがいかに素晴らしいかを力説するアメリカ人研究者の発表の方がいい意味でも悪い意味でも聴衆に強烈な印象を残すのは笑えない話である。企業の管理職の皆さんはぜひ、自分ではなく部下の若い人たちに発表の機会をもっと与えて欲しいと思う。

蛇足ではあるが、日本で開かれる学会は諸外国で開かれるものと比べて際立った特徴がある。それは「時間にうるさい」ということだ。外国での学会は発表が数分延びても開始が遅れてもあまり気にせず進めるし、もし早く終わった場合は「ちょっと休憩」となることだってある。しかしそこは分秒刻みで正確に電車が動くことで世界的にも有名な日本、国際学会においてもタイムキーパーが睨みをきかせて数秒の遅れも許さない。かく言う僕はとある国際学会で十分間の口頭発表をさせていただいた折、台本を全く作らずスライドを見ながら適当にしゃべってしまったために制限時間を三分もオーバーしてしまった。招待講演の外国人も含めて三十人以上の発表者がいたこの学会で時間をオーバーしたのは私だけ。しかもその時に座長をしていたのはかつて勤めていた会社で大変お世話になった元上司。発表の後のレセプションでスミマセンスミマセンと平身低頭に謝る愚かな僕に対し、元上司はニコニコ笑いながら「どうしようかと思ったよ」と暖かいお言葉。穴があったら入りたい……。

プレゼンテーションスキルを磨く

さて、学会での発表を行う際に必須となるのがプレゼンテーションスキルだ。先ほど「何度場数を踏むかが勝負」と述べたが、巷にはよいプレゼンにするための指南書が溢れている。でもその多くがパワーポイントの作り方や声の出し方にフォーカスを合わせたものになっている。

もちろんそういうところも大事だとは思うけれど、僕はここで声を大にして「よいプレゼンテーションができるかどうかは国語力次第」と言っておきたい。ここでいう国語力とは何も日本語のことだけではない。英語や他の外国語も含め、相手にわかる文を作って説明・発信しつつ、相手の言うこともきちんと聞いて理解する総合的な力のことである。

理系の人たちはこの「国語力」が本当に弱いと思う。専門分野の知識や研究成果は目覚ましいのに、その内容を正しく、論理的かつ相手に興味を持って聞いてもらえる形でプレゼンできる人のなんと少ないことか。例えば日本人なら淡々と事実だけを述べることに終始してしまいがちだし、アメリカ人なら論理をすっ飛ばしてよい成果のみを声高に主張してしまうことが多い。そして日米を含めた世界中の理系研究者に共通するのが「専門外の人に説明するのが下手」ということだ。

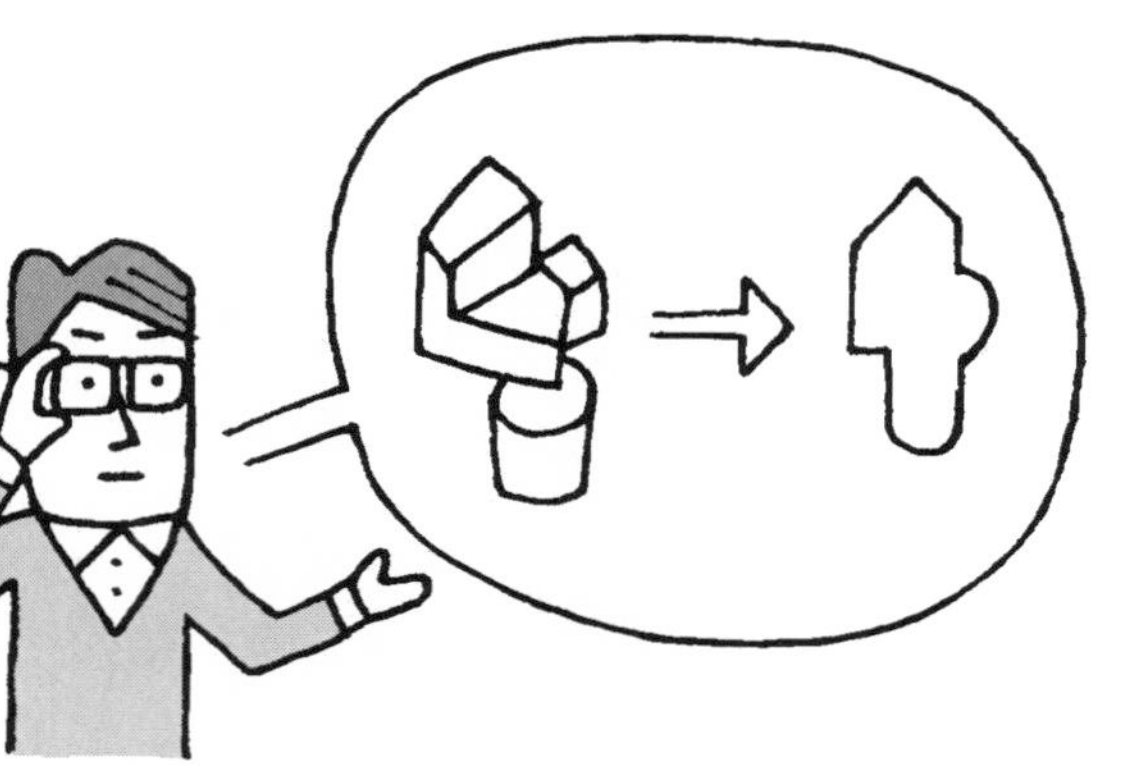

企業研究者は非専門家に向けて分かりやすく説明するプレゼン能力が必要だ

同じ専門の人を相手に話すのであれば講演会や学会を通して慣れているのかもしれないが、講演会や学会の会場にいる人たちが一人残らず自分の研究分野のことを熟知しているとは限らない場合だってある。また、近年では様々な形で研究内容の透明化が求められることが多く、研究者が一般市民など専門外の人たちを相手に自分の研究のことについて説明する機会も増えてきていると思うし、個人的にもそうあるべきだと考えている。こういう状況の中で、いくら科学的に正しいからといって事実を淡々とプレゼンするだけでは当然相手には理解されないだろう。それどころか「こんなよくわからない研究に税金が使われるとは何事だ」などと非難の対象にすらなりかねない。

日本の科学界の重鎮の先生方が日本の科学レベルの低下と予算の乏しさに危機感を持たれ、「一見役に立たないと思われる研究にも投資をしなければならない」と声をあげておられるのをご存じの方も多いだろう。僕もその意見には賛同するが、社会のお金を使う以上はその研究の「意義」だけは一般の人にもわかる形で説明できなければいけないと思う。それを実行する上で、プレゼンスキルは今やあらゆる研究者にとって必須のツールと言っていい。そしてそれを磨こうとしない研究者は、たとえ重鎮であっても淘汰されるべきだというのが私の考えである。

「専門外の人たちに説明する」という能力は企業の研究員にも必須と言ってよい。なぜなら、プロジェクトの立ち上げや進捗確認において予算のオーナーである経営陣への説明が求められるもののの、経営陣の皆さんのほとんどはビジネスの専門家なのであって、理系の研究者一人一人の専門についての基礎知識がないことが多いからである。

こういう人たちに対して自分の研究内容をプレゼンする場合、先ほどの「一般人向けのプレゼン」の場合と同じく難しい専門用語を使わないようにすることが肝心だが、ただ易しく説明するだけでは不充分だ。会社の予算を使って実行するからには、そのテーマや成果が有益なビジネスに結び付くことをクリアに説明できなければならない。つまり専門家だけが集まる学会や学生・一般向けの講義の時とはまるで違う視点でプレゼンしなければならないのだ。

会社におけるプレゼンテーションでどのようなことに気を付けなければならないかについては世の中に出回る多くのビジネス書において説明されているのでそちらに譲りたいが、ここで大切なのは聞き手のバックグラウンドや嗜好、期待する内容を可能な限り事前に把握し、彼らがもっとも理解できる言葉と構成で丁寧に説明することだ。そしてそれは、学生時代に多くのプレゼン経験を積むことによって着実に伸ばすことができる。皆さんもぜひ心がけて欲しいと思う。

論文を書く

企業の研究者たるもの、学会発表だけでなく論文による成果発信も積極的に行っていきたい。学会でプレゼンするのと同様、会社での仕事の論文化に際しては知財部門の審査が必要となるが、論文は学会発表と異なり半永久的に残るものなので研究者としての成果発信のツールとしては最強と言っていい。どんどんチャレンジして欲しいと思う。

一方、会社での仕事を論文化するにあたってよく揉めるのは、「著者にどれくらいの数の人を含めるか」ということと「著者の順番」である。

先にも述べた通り、企業での研究活動は一人で完結することはあり得ず、かなりの数の社員が関わることが多い。このため、論文の纏め方によってはかなりの数の研究者の名前を列記することになる。僕自身は論文作成に当たっては、研究を共同で実施した人であれば正社員だろうが有期雇用の契約社員だろうが全員著者のリストに含めることにしていたが、会社によっても方針はいろいろだろう。

一方で、多くの方々を著者として含めるにしても、どういう順番でリストアップするかが問題となることは多い。僕の関わったプロジェクトの一つで、著者の順番をどうするべきかについてすったもんだの議論をした挙句、まとまらないので苦肉の策として姓のアルファベット順にすることにしたケースがあったが、悩ましい課題であるといえる。

ちなみに僕は、もし我儘がきくのであれば論文の著者リストの最後に自分の名前を入れて欲しいとお願いすることにしている。著者リストの最後になる人がどういう役職・貢献度であるべきかなどという指標はないのだが、英語の論文の場合、著者リストの記述が〝…… and Asayuki Kamatani〟と締めくくられることになり、カッコイイから……という非常にくだらない理由である。でも、これまで僕が関わった論文作成において、僕の名前が最後になったことは残念ながら一度もない。

特許を取る

企業の研究者をしていると学会発表や論文投稿の機会はそう簡単に訪れないが、特許を取る手続きに携わることは多い。特許だって研究者にとっては大切な勲章であり、履歴書を作る際にも堂々とリストアップすることができる。多くの会社では特許を取得することをきっかけとして学会発表や論文投稿を許可するという手続きになっているはずなので、特許取得は研究者としてのキャリアを進める大切な一歩としてとらえて欲しいと思う。

尚、現在製薬会社において特許を扱う知的財産部門で働いている人たちには、若い時に会社の研究所で基礎研究をやっていた方が多い。この部門の皆さんとご一緒すると、仕事以外にも多くのことを教えていただけることもあるので積極的にアプローチして欲しいと思う。

チームワークを大切にする

先にも書いたが、企業の研究は一人だけの仕事ではない。リーダー格であれ一担当者であれ、多くの研究者がそれぞれの役割分担の中で業務（研究）に励む。とはいえプロジェクトのテーマ

（目標）としては一つなのでどこかに担当者同士が重なるところや担当者のはっきりしないところ（「隙間業務」と言われる）が出てくるので調整が必要だ。また、そうでなくてもプロジェクトの進捗に応じて情報交換や目線合わせを兼ねた打ち合わせを重ね、更には定期的に経営陣への報告も行うことになる。

そんな中での業務でもっとも大切なのは、チームメンバーである各研究者がお互いを信頼し、競争ではなく協調してテーマに取り組むことだ。

僕のこれまでの経験では、素晴らしいチームは専門分野のみならず性格（好み）、年齢、出身地もまちまちな人たちの集まりであることが多い。メンバー全員が他から抜きんでた頭脳を持っていることは必須ではなく、むしろ能力も含めて様々なタイプの人たちがいた方がプロジェクトはうまくいく。なぜそうなのかといえば——これは僕の想像だが——いろいろなタイプの人がいた方が自分たち一人一人の限界をよく自覚し、目の前の課題に対して単独ではなくチームで解決しようとする傾向があるからではないかと思う。

だから、僕はいろいろな国から多種多様なバックグラウンドを持った人が集まれば、それは最強のチームになると信じている。そしてそういうチームからこそ画期的な成果が生み出され、最終成果物として素晴らしい製品が世に出るものなのだと思っている。

海外で研究者として働く

最近はどこの大学でも教育カリキュラムに「グローバル化」を掲げ、国際的に活躍できる人材を育成していることをアピールしているので、留学プログラムなどを通して海外の大学で授業を受けたり研究の一端に触れることができる学生が増えており、とてもいいことだと思う。

それと同じ流れで、大学や企業の研究者が海外で研究することは今や珍しいことではなくなった。本人の希望や会社の命を受ける形などいろいろあるが、いずれの場合も貴重な経験を積むことができるので機会があればぜひ挑戦して欲しいと思う。

もっともその多くは三ヵ月から一年という短期集中型だ。大学教員や博士研究員（ポスドク）はもちろん、企業研究者の場合も「人事交流」等の一環で海外の研究所に短期出向するパターンがほとんどだろう。そしてその多くが「英語でコミュニケーションできるようになる」ということをメインの目的に掲げている。

予算に限りがある以上、滞在期間が短くなるのがやむを得ないことは理解するのだが、残念ながら三ヵ月や一年程度で海外の研究者たちと対等に渡り合える英語力を身につけるのは難しい。

若いころ留学を通して四六時中英語漬けで過ごした僕の場合、一年目は周りの議論についていけず半泣き状態、二年目でやっとついていけるようになり、三年目でようやく言い返すことができるようになった。もし言葉のスキル取得が主目的であるのなら退路を断つ形で海外の研究所に「転属」し、数年というスパンで腰を落ち着けて研究活動に臨んで欲しいと思う。

しかしそうなると気にすべきは家族のこと。結婚してパートナーがいたり子供がいたりする方もいるだろうし、独身の方であっても親のことが気になることだろう。

僕は長いことアメリカとイギリスで生活していたが、そこで見かけた一年以上の長期にわたって研究していた日本人はみんな独身か家族帯同であり、単身赴任という人は見かけなかった。アメリカやイギリスは英語圏だから将来配偶者や子供の語学力の向上に役立つという考えもあったと思うが、それよりも海外での生活を通して外国語を身につける以外にもいろいろな経験を積むことが将来のためになることは言うまでもない。子供たちが海外の学校に通えば交友関係がぐっと広がる。日本に親が残っているとしても、昔と異なり今はインターネットなどを通した様々なサービスを介して連絡を取り合うことができる。ぜひ思い切って挑戦して欲しいと思う。

一方で、今後もっと増えてくると思われるのが、一時滞在ではなく現地採用の形で海外の大学・会社に直接雇用されて働く研究者だ。例えば海外で博士研究員として研究をしながら就職活動をし、現地の大学や会社に雇用されるというケースがあるだろう。そうなると期限のある労働ビザを取得した上で就労し、定期的にビザを更新する形で働き続けることになる。

このような形での研究生活に不安を抱く人もあるだろう。労働ビザから永住ビザ（永住権）に切り替えることができれば理想だが、手続きなどの点で決して簡単なことではない。

でも、一年や二年と期間が決まっている駐在のような場合は目に見える研究成果を出すのは難しい。現地雇用は、短期駐在とは比較にならないほど長いスパンで腰を落ち着けて研究に取り組めるという意味では大きなメリットだ。機会があれば挑戦して欲しいと思う。

インテグリティ

これまで企業の研究者として必須のスキルや心構えを長々と述べてきたが、この章の最後を飾るものとして今から取り上げるのが研究者として絶対になければならない最重要の心構えと言っていいと思う。それは「インテグリティ」(integrity) である。

なんじゃそりゃ？　意味が分からない、日本語ないの？　と思われるかもしれない。僕も一生懸命考えたのだが、この英語の言葉を百パーセント反映する日本語を探し出すことができなかった。

インテグリティという言葉は「誠実さ」「高潔さ」「真摯さ」と訳されることがあるが、どれもこの言葉の真意を伝えているとは言い難い。インテグリティとは、「人が人として、または社会人として、または自らが従事する仕事のプロとして、たとえ明文化されていなくとも絶対に守らなければならないことを守り、おかしいと思うことはやらないという姿勢」のことを指す。

例えば研究者であれば「データを捏造しない」というのがその一つだ。「そんなもの当たり前だろう！」と思うだろう。どこの法律やルールブックにわざわざ「データを捏造しない」などと明記するだろうか？　でも歴史を振り返ってほしい。過去に科学者が起こした不正行為の多くはデータの捏造に端を発するものだ。研究者として当然守るべきことが、残念なことにきちんと守られていないのが現実なのである。理由としては功を急ぐあまりの勇み足などいろいろあるが、バレたら研究者生命を絶たれることがわかっていながらこのような不正に手を出す研究者が後を絶たないことを鑑みれば、インテグリティが研究者としていかに大切な心構えか否応なしにわかることだろう。

企業における研究開発では、従業員のインテグリティを要求される局面が多く出てくる。企業ではガイドラインや手順書などが多く制定され、従業員に対してはその遵守が求められているが、日常の業務の中には対応する社内ルールが存在せず、どのやり方が正しいのかがはっきりしないものもある。では「ルールに書いていないんだから好き勝手にやってもいい」と考えてもいいのだろうか？　答えは当然「否」である。ルールになくても自らのインテグリティに照らし合わせて「この道が正しい」と心から言えるのであればその通りに実行することが正しい行動なのだ。また判断に迷う時は自分の上司やその道の専門家に相談するというのももちろん正しい道である。

インテグリティを体現できない研究者に将来はない。これは企業だけでなく大学・公的機関においても同じである。研究者としてだけでなく、社会人としての生命がこれにかかっているのだと肝に銘じ、必ず守って欲しいと心から願っている。

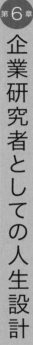

第6章 企業研究者としての人生設計

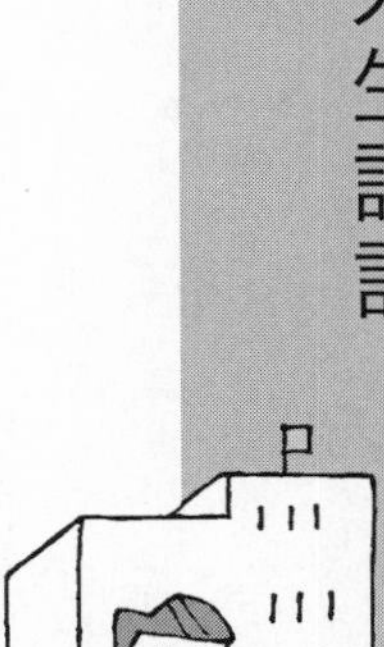

企業研究者の人生の岐路

ここまではどちらかというと、就職先を探し、会社において研究者としてスタートを切り、成果を出すところまでの話だったが、ここからはその先のことを少し考えてみよう。

会社に入って数年経ち、華々しいとまではいかなくとも少しずつ成果をあげている。中にはさ

中堅になった企業研究者の将来のオプションは４つある

さやかながら新しい製品に結び付いたものもある。特許も取り、学会で発表をすることもできた。さて、これからどうするか……。

皆さんだったらどう考えるだろうか。真っ先に心配するのは「このまま研究の第一線で仕事をし続けることができるだろうか」ということだろう。

ふと我に返ると同じ研究開発部門のなかでは「中堅」と言われる年齢に差し掛かろうとしている。毎年のように新入社員が配属されてきて、指導役を仰せつかることも増えてきた。彼らは技術的には未熟かもしれないが、最新の科学の動向については自分より知っていることもある。果たして自分は、これからも研究を続けることができるのだろうか……などと思いを馳せることになる。

そもそも企業研究者が長く同じ組織（会社）で仕事を続けるために必要なこととは何なのだろうか。

研究者とて人間である。独り身であればもう数年間気の向くままに経験を積んでいくこともあり得るかもしれないが、就職して数年経っていれば結婚したり子供が生まれたりといった大きなライフイベントが入ってくる場合もあるだろう。さらに年月が経つと年老いた親の介護や自身の健康のことが気になる年齢になってくる。だから来る日も来る日も誰かの指示で黙々と研究を続けるという状態では面白くないばかりか、「このままで私は大丈夫だろうか」と将来を心配することになるだろう。

そんな研究者に対する将来のオプションは大きく分けて四つある。

①部下を持つ管理職に昇進する

どんな会社員にとっても「管理職に昇進して部下を持つ」ことは嬉しいものかと思うが、それは企業研究者とて同じだろう。しかしこのオプションを勝ち取ることは決して簡単なものではない。

そもそも研究所というのはどの会社でも一般的に「フラットな組織」で構成されることが多

く、会社の他の部門と比較すると部下持ちの管理職のポジションは少なめといわれている。だから昇進の機会は非常に限られており、これを狙うのであればかなりの努力をしなければならないと思っておいた方がいいだろう。また幸運にも昇進する機会が与えられたとしても、そのタイミングは研究所外の職と比べると一般的にやや遅めなのではないかと思う。

②特定のプロジェクトを担当する「部門横断型チーム」のリーダーになる

とはいえ、研究所には研究所ならではの「花形」の役職がある。それは、社内の複数の部門・部署から出される代表者が集まって構成される「部門横断型チーム」のリーダーを務めることだ。

部門横断型チームは「クロス・ファンクショナルチーム（CFT＝機能横断的チーム）」とも呼ばれる。様々な専門分野を持つ人が集まらないとプロジェクトを進めていくことができない企業の研究開発業務においては必須の組織だ。さらにこの部門横断型チームの下部組織として「サブチーム」と呼ばれる小さなグループをいくつか組んで、特定の研究領域や業務を進めるということも普通に行われている。

このため、例えば一研究者として着実に実績を上げてきた社員がまずサブチームのリーダーを務めて新しい経験を積み、さらに少し後でその上の部門横断型チームをリードするというようなキャリア形成が考えられるだろう。

こういうチームのリーダーには自分の専門分野以外の様々な研究業務に精通し、全体の進行に目配りをしつつプロジェクトを円滑にリードする能力が求められる。また、必ずしも部下を持つ管理職である必要はないものの、チームメンバーから慕われ、時に様々な助言を行う「メンタリング」ができることも必須のスキルだ。企業研究者の次の登竜門にふさわしい、キャリアアップの王道と言ってもいい重要な役割だ。

③そのまま研究の最前線に残るべく、更なる研鑽に励む

一方で、管理職やリーダーのような役割を好まず、今後も最先端の研究に集中していたいと思う人もいることだろう。

このオプションには「同じ専門分野でさらに研究を極める」という道と、「他の研究分野に転向する」という道の二種類がある。前者はわかりやすいが、後者については少し説明が必要かもしれない。

「他の研究分野に転向する」とは、ある一つの分野にとどまって自らの研究が硬直化することを

防ぐため、違う角度から見ることを勉強するべく他の研究部門に移ることを指す。元々所属していた部署には戻らない「異動」の形と、ある一定期間の後で元の部署に戻るという「出向」の形があるが、いずれの場合でも研究者としての視野が広がり、驚くほどいろいろな勉強をすることができる。僕自身も自ら手をあげて「出向」したことが何度かあるが、その時得た知識は今でも僕の宝物である。また、この経験を積んでおくと将来、「所内のプロジェクトチームのリーダーをやってみようかな」と思い直した場合に大きな武器となることは読者の皆さんにも容易に想像できることだろう。

④研究以外のポジションに転属する

最後のオプションは研究職を離れるという道だ。これには本人が希望する場合と会社から本人に提案する形の二種類がある。ご存じのことと思うが日本の会社では従業員のスキルアップを図って雇用を守ることにつなげつつ、組織の中の人事交流を活性化するという観点から「ジョブローテーション」を実施しているところが多いので、この観点から会社が従業員に対して研究職以外のポジションへの異動を提案することがあっても不思議ではない。

どういう形の提案であれ、自らの希望ではなく会社からの要請で異動することは心情的に受け入れるのが難しいと考える人が多いことと思う。でも冷静になって考えて欲しい。研究所以外の仕事だって会社の大切な業務であり、研究所での経験が役立つ局面が必ずある筈だ。新しい職場でいい仕事をすれば「さすが研究部門出身の人だ」と一目置かれるだけでなく、古巣の研究所の仲間全体への評価にもつながる。

ここからは僕の個人的なマインドセットだが、自ら選ぶにせよ会社から提案があるにせよ、異なる部署・部門に移ることはその人のキャリアを必ず豊かにする、と信じることが大切だと思う。もう少し端的な言葉で言えば「人生において無駄なことは一つもない」ということだ。たとえ回り道や後退のように思える道でも、あとで振り返ってみれば貴重な経験だったと思える日が必ず来る。また、そういうマインドセットを持ち続けることこそが、長い社会人人生をポジティブに生き抜く糧になると僕は信じている。

第五の選択肢——転職

とはいえ、会社の方針に納得がいかない場合は他の会社への転職もオプションの一つとして浮上することだろう。転職のためにエージェントを使う人もいるようだが、そうするのであれば少なくとも自分の専門分野のことについてよく知っている方にお願いしよう。

そうでなくても、他の会社からより高い役職と給与を提示されて心を動かされない研究者はいないだろう。特に流行りの研究分野に身を置いている人には起こりやすいパターンだ。でもこういう場合は特に冷静になって考えよう。流行に乗ってキャリアアップするのは簡単だが、廃れてしまえばお払い箱となるリスクだってある。流行の領域だけでなく、他の研究分野の最新情報についてもしっかりアンテナを張って勉強しておくことが大切だ。そしてその習慣は、リストラや研究所の閉鎖など不測の事態が起こった時に最大の効力を発揮することになる。

研究成果に対する「対価」——報奨について

この章の最後に、研究職を長く続けていく上でもう一つの大きな要素である「対価」、つまり昇給や報奨について考えてみたい。

管理職やリーダーにならなくても、自分の研究を通してよい製品やサービスが生まれ、世の中の役に立てば企業研究者として誇らしく、「研究者冥利に尽きる！」と思うことだろう。それが給料やボーナスの増加につながればさらに嬉しいことだろう。

しかし、「思ったほどの報奨をもらっていない」と感じる研究者が少なからずいると言われている。

この問題は二〇〇一年、青色発光ダイオードを開発した中村修二さん（二〇一四年ノーベル物理学賞受賞）がかつての勤務先である日亜化学工業を訴えたことによって一般にも広く知られることとなった。率直な物言いで知られる中村さんが当時「日本には画期的な研究をした人に報いる制度がない」と声高に主張されるのを読んだり聞いたりした方も多いことと思う。これにメディアが反応して「このままでは日本の優秀な研究者がどんどん海外に流出する」とまで騒がれ、とある新聞記者の方が当時アメリカに住んでいた僕にわざわざ取材しに来たこともあった。某シンクタンクの調査に協力したこともある。いずれにせよ、この件がきっかけとなって日本の各企業において研究の対価についての議論が進んだことは間違いない。

現在、民間企業にどのような報奨制度があるかについては各業種・企業において異なるのでここでは触れない。ただ「研究者を長く続けるためのあるべき報奨の姿」をこれまでの経験に基づく僕の個人的な意見として以下に述べてみたい。

そもそも現実として日本の研究者が「報奨の少なさ」を理由に海外に流出しているか……ということについてだが、僕は懐疑的である。少子化や基礎研究所の閉鎖・統合などの影響で大学・企業ともに基礎研究のポジションが減ったことをきっかけとして海外に活路を見出した人は僕の周りにたくさんいたが、報奨の不満については今のところ耳にしたことがない。

そして悲しいかな、仮に日本の研究者が報奨の少なさを不満に思っていたとしても、「では海外でもっと稼ごう」と思い立って日本を飛び出す人が続出するほど、日本の理系研究者の語学力は現時点では全体として高くないのである。

一方、僕は「画期的な研究に対する対価」の議論に関わる皆さんにきちんと考えていただきたいと思っていることが一つある。それは「その研究の成果が実用化されるまでにどれだけの人が携わったのか」ということだ。

これまで繰り返し述べてきたことだが、企業の研究は最初から最後まで一人で行うものではない。最初こそ一人の研究者によるブレークスルーともいうべき画期的な発見に端を発するものかもしれないが、そこからさらに多くの研究者や技術者が血肉をつけていって初めて製品やサービスにつながるものなのだ。また、最初の一研究者によるブレークスルーとて、数多くの先人による血のにじむような努力があってのものであることを決して忘れてはならない。

中村修二さんが日亜化学工業に対して起こした訴訟が和解成立となった二〇〇五年、元静岡大学教授の今井哲二先生が朝日新聞の「私の視点」欄に寄稿された文章の一部をここに引用させていただきたい。

「私ども研究者は目的を達するまでは、競合他者を常に意識し、一分一秒を争ってしのぎを削る。独自性が問われる研究の宿命であろう。だが、商品化の道が開かれた暁に自分の功を述べる折は、大きく影響しあった相手への賛辞が双方から聞けたら、どれほど心和むだろう。世界的偉業を成し遂げた日本の研究者に対する誇りも敬意も、そのとき倍加するに違いない。」

（朝日新聞　二〇〇五年一月二十二日掲載）

今井先生とは残念ながら全く面識がないのだが、このお言葉は今でも僕の座右の銘である。一会社員として昇進や昇給を求める前に、一研究者として先達や同僚の貢献に想いを馳せ、感謝の気持ちを表すことこそ、研究者として更なる高みを目指す者の使命だと僕は考えている。そしてこのような「感謝の気持ち」を会社の同僚や他の研究者・一般の人たちからもらうことこそが研究者にとって最もうれしい「報奨」であり、この道をさらに極めていこうと腹をくくる原動力になるのではないかと思っている。また、その力強い原動力によってさらに花開いた研究成果は将来必ず、その研究者に対する金銭や地位を伴った報奨につながると信じている。

第Ⅱ部 ある企業研究者の履歴書

ここまで「企業の研究者になるまでの道のり」や「企業に入ってからの研究スタイル」を一般論として書いてきた。ここからはいよいよ実例として「ある企業研究者」、つまり僕がこれまで製薬会社の研究員としてたどった道をお話ししようと思う。

読者の皆さんの中には「製薬会社の研究開発活動」について馴染みがなかったりあまり興味がない方もいらっしゃるかもしれない。確かに一社あたりの研究開発費でみれば自動車業界の方がもっと大きなお金を研究開発に投資している。でもちょっと待って欲しい。先に紹介した文科省による『民間企業の研究活動に関する調査報告』によると、自社負担の研究開発費を売上高で割った「研究開発集約度」という尺度で見れば医薬品製造業は一〇・〇%であり、自動車製造業の約八%より高く、調査対象となっている業界の中でも実は断トツなのだ。また世界に目を向けてみても、PwC社の戦略コンサルティングチームStrategy&による『二〇一八年グローバル・イノベーション一〇〇〇調査』によれば、医薬品業界の研究開発集約度は「ＧＡＦＡ」と呼ばれる巨大ＩＴ企業（グーグル、アマゾン、フェースブック、アップル）に次ぐレベルであることがわかる。

新しい医薬品が世に出るためには、「シード（種）」といわれる候補品の選定から規制当局による承認までおよそ十〜十五年の期間が必要と言われている。成功確率も数パーセント以下という大変厳しい世界であり、そこで研究開発に携わる人たちがどういうキャリアを持ち、どういう気持ちで仕事に臨んでいるかを見ていくのは少なからぬ意義があると僕は思っている。

また、先にも少し書いたが僕は日本の他にアメリカやイギリスの研究所で仕事をしている。日本人の企業研究者としてはかなり変わった経歴だが、「こんな研究者人生もあるんだ」という感じで読んでいただければと思う。

専門的なことはなるべく省いて書いているが、もしわかりにくいとか興味を感じない話が出てきたら少し読み飛ばしていただいても差し支えない。

第7章

大学院に進学し、海外に飛び出す

僕が「研究者になろう」と思ったのはいつ頃のことだっただろうか。

小学校の時の理科実験のことを今でもよく覚えている。煮ても焼いてもびくともしないアルミニウムホイルが薄い塩酸水溶液に入れると簡単に溶けてなくなってしまい、マッチを近づけるとパッと燃える水素ガスが出てくるところを目の当たりにして驚き、俄然化学に興味が湧いた。

中学・高校時代を過ごした六甲学院（兵庫県・神戸市）においては化学部に所属し、あらかじめ結果を予測しつつもある時に意外な方向に、またある時には危険な方向に転がっていく化学実

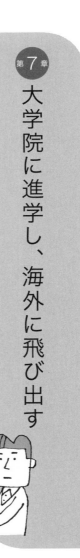

験の面白さ（そして時には怖さ）を肌で感じることを何よりの喜びとしていた。当時化学部で顧問をされていた杉野広一先生と飯塚和彦先生には実験の進め方について多くの有益なご指導をいただき、今でも僕の血肉となっている。

ただ、もともと計算が苦手であったことが災いし、大学受験に際しては皮肉にも、多くの暗算を要求される「化学」で成績が伸び悩んだ。一時は機械工学のような物理方面への転向も考えたものの、悩みに悩んだ挙句、土壇場になって一番好きな化学系に進むことにした。そして無事、大阪大学工学部に進学することができた。今振り返って、最終的に好きな分野を選択することができた自分の運命に心から感謝している。

恩師に勧められ、海外の大学院に進む

大学の入学オリエンテーションでたまたま見学に行った研究室で話を聞いた先生が「おもろいオッサン」だった……という単純な理由で、三年後の研究室配属では進んでその研究室を希望することにした。

その「おもろいオッサン」の名は村井眞二先生。先生の研究室は「夜遅くまで馬車馬のように

実験する地獄のような所」ということで悪名高く、研究室配属希望調査に際して、約四十人いた同級生の中で自ら村井研究室への配属を希望したのは僕だけだった。

実際に配属されて驚いたのは、村井研究室はスタッフ・学生どの方をとってもエネルギーの塊のような人たちだったということだ。当時は事務補佐員の女性を除いて全員男という構成だったがみんなとにかく元気。夜中を過ぎても嬉々として実験しているのはもちろん、時間を見つけては野球や飲み会に全力投球。もっとも僕自身は超のつく朝型人間で夜遅くまでの実験は苦手だったので、朝早く来て実験を速やかに始めるなどいろいろ工夫をしてみたのだが、それでも同期の仲間ほどたくさんの実験をこなすことはできなかった。今から振り返ってもあまり出来のいい学生ではなかったなあと思う。そんな僕を温かく見守り、指導してくださった村井先生をはじめとする当時の研究室の皆さん——特に直接ご指導いただいた垣内史敏先生（現・慶応義塾大学理工学部教授）——にはとても感謝している。

しかしそれから僅か一年後、村井研究室はそれまでほとんど例のなかった「触媒を使用する選択的C—H活性化反応」の論文をイギリスの学術誌『ネイチャー』誌に発表して、世界にその名を轟かせた。この時の僕は大阪大学を卒業して同校の大学院に進んだばかりだったが、その研究チームの一員に加えていただいていたお陰で幸運にもこの論文に名を連ねることができた。研究室はお祝いムードに包まれ、自らここへの配属を希望する学部生も出てきてようやく「学科一の不人気研究室」の汚名を返上するところまできた。

しかし僕はこの時、別のことで頭がいっぱいだった。この論文が出る少し前のこと、研究室旅行で淡路島をまわっていた折に村井先生から衝撃の一言をいただいたからだ。

「なあ鎌ちゃん、おまえひとつ、アメリカでドクターとらへんか」

その時までの僕は海外に旅行で足を運ぶことはあっても、学位を取りに行くなどという発想が全くなかった。しかしよくよく思い返してみると、なぜこんな話を振られるか思い当たる節があった。遡ること数ヵ月前、僕を含めた新四年生五人が村井研究室に入ってすぐ行われた新歓コンパの時のことである。博士課程の学生を三ヵ月間海外で修業させるという当時の村井研究室の方針に僕は「たった三ヵ月では英語のマスターなんてできませんよ！」と嚙みついていたのだ。酔っぱらった勢いとはいえ、配属されたばかりの新人が何を失礼な……と周りの人たちから思われたに違いない。もちろん僕にしたってこんな偉そうな主張をした手前、自ら長期留学をして体を張ることで自分の言葉に責任を持ち、自分が正しかったことを証明する義務を負うべきだという考えに至った。

そして「C―H活性化反応」の論文が発表されてから一年後、僕は大阪大学大学院を休学して海外に渡った。一九九四年六月のことである。

カリフォルニア大学アーバイン校

カリフォルニア州の真ん中から少し南側の海岸線に位置する大都市ロサンゼルス。ここの国際空港に降り立って車で一時間ほど南下したところにあるアーバイン（Irvine）という街にあるカリフォルニア大学アーバイン校が僕の留学先である。

カリフォルニア大学（略してUC）は州立大学であり、有名なUCバークレー、UCLAを含めて全部で十校あって、それぞれに特色がある。偏差値的に最も高いのはバークレーで総合大学としての評価も高いが、UCLAはブランドとしての知名度が抜群でスポーツも盛んであり、「インターネット誕生の地」としても名高い。UCサンフランシスコは医学系のみの大学院大学で世界屈指の病院を併設する。

こんな中でカリフォルニア大学アーバイン校（略してUCI）は十校の中で二番目に新しい、

一九六五年創立の大学である（ちなみに同じ年にUCサンタクルーズ校も創立されている）。僕がこの学校に初めて足を踏み入れた一九九四年当時は、真ん中の丸くて大きな公園（アルドリッチ・パーク）を囲む形でキャンパスビルが建てられていて、とても静かで落ち着く場所だった。ただ「静かで落ち着く」とは「田舎臭い」と表裏一体である。僕がこれより前に旅行で訪れたことのあるUCバークレーの賑やかさと比べると同じ系列の学校とは思えない小ぢんまりとした印象を与えたものである。「全米一安全な街」としてランキングに登場するようなきれいな所だったが、あくまで学生が学び、家族が住むためだけの街という印象だった。

しかし、いつまでも田舎レベルにとどまるほどこの学校のポテンシャルは低いものではなかった。僕が来て僅か一年後、物理学科と化学科に在籍する教授二人が大学始まって以来のノーベル賞を受賞したことをきっかけとして知名度がぐんと上がり、新しい建物も次々建てられていった。あれから二十年以上経った現在では、キャンパスの面積も僕が在籍していた頃と比べて倍以上の広さになり、UCバークレーやUCLAほどではないが昔に比べるとずいぶん華やかになったと思う。なお、この一九九五年のノーベル化学賞を受賞したシャーウッド（シェリー）・ローランド教授はオゾン層破壊による地球温暖化を突き止めたパイオニアとして著名であり、ローランド先生が他界された後もこの学校は「大気・環境化学」の分野で世界有数の規模と研究成果を誇っている。

現在のアーバインは「学生街」のイメージから完全に脱却し、多くの企業が進出してオフィスビルが立ち並び、商業地が広がる立派な規模の街になった。しかも「全米一安全な都市」のステータスをしっかり維持しているのが嬉しい。勉強するところとしてはＵＣＩの他にもいわゆる「短大」に相当するコミュニティカレッジもあって、アメリカへの語学留学を希望する日本人の人気ランキングにも頻繁に登場するようになっている。

僕はこのカリフォルニア大学アーバイン校大学院化学科に在籍し、有機合成化学の世界的権威であるラリー・Ｅ・オーヴァーマン先生の下で研究を行った。研究分野やレベルとしては村井先生の研究室と大きく違ったわけではない。しかし、実際に勉強・研究を始めてみて初めて、僕の英語力が同級生と比べて致命的に劣ることに気がついた。

僕は中学・高校時代から英語が得意科目で、リスニングを含めた英会話スキルも頑張って習得し、大学時代にも外国からの研究者の講演会を聴講するなどして研鑽に励んでいたつもりだった。しかし残念なことに、それでは到底不充分だったのである。

中でもディベートの時間は拷問だった。講義やプレゼンテーションの場ではゆっくり、丁寧に説明するアメリカ人もひとたびディベートモードに入るとマシンガントークが炸裂、喋るスピードが何倍も速くなる（少なくとも僕にはそれくらい速く聞こえる）。普段おとなしくしている女の子が目を吊り上げて猛スピードで反論する様子を間近で見た僕は驚愕のあまりその場で一言も発することができなかった。そもそも一語たりとも聞き取ることができないのだ。これでは対抗どころか、議論の輪に加わることすらできない。

ディクテーションで英語を鍛え直す

頭にきた僕は一念発起、こいつらに負けてなるものかと英語の勉強をやり直すことにした。そのためにやったのがアメリカ映画を「ディクテーション」するという手法である。「ディクテーション」とは同じ内容を繰り返し聞いて書き出す、いわゆる「テープ起こし」の形による勉強法だ。ネットなどで調べていただければわかるが、この方法を使えば誰でもどんな言葉でも聞き取り、喋ることができるようになる。問題はこの勉強法が「拷問」に近い苦行であることだ。どんな美味しい料理でも毎日食べさせられたらさすがに飽きるが、それは英語の教材も同じ。ディクテーションではそれを我慢して一語一句聞き取れるようになるまで聞き取りを徹底的に強制する勉強法だ。

試しに数秒の英会話をディクテーションしていただくとわかるが、どんなにマシンガンのようなスピードで話される言葉でも二十回も聞けばほぼ全部の単語が聞き取れるようになるばかりか、英語独特の言い回しを含めたすべてのフレーズが脳内に刷り込まれ、頭から離れなくなり、自分でも正しく発音することができるようになる。同じ理屈で、映画一本を二十回鑑賞すればどの単語も聞き取れ、多くの表現が体に刷り込まれるという発想だ。

この勉強ができるかどうかがあなたの語学力を決めると言って過言ではない。逆に言えば、ディクテーションによる勉強を拒否する人に英語を含めた外国語をマスターすることは絶対にできないと言い切れる。それくらい効果てきめんな勉強法である。

例えばディクテーションの教材としてアメリカ映画を選ぶとするなら、どの映画を「ディクテーション」するかはあなたがどの映画が「二十回見られるくらい好き!」と言い切れるかにかかっている。好きでもない映画を二十回も見ようとすれば絶対に挫折する。だからあなたが一番好きな映画を選んでほしい。できれば「解答」となる英語字幕のあるＤＶＤやブルーレイディスクで選んでいただくとよいだろう。

僕がアメリカ留学時代、現地の英語をマスターするバイブルとした映画はクエンティン・タランティーノ監督の出世作『パルプ・フィクション』だ。全編不適切な俗語と暴力に満ちた問題作

僕は、映画『パルプ・フィクション』で生きた英語を学んだ

だが、僕は大学院留学一年目に映画館でこの作品を初めて見た時に一語たりとも聞き取れなかったことにショックを受け、ビデオを買って二年かけて二十回以上鑑賞した。これによってアメリカ人の同級生たちがしゃべっている他愛のない会話や授業でのディベートがようやく聞き取れるようになったのである。結局、それからさらに返答・反論できるようになるまで一年、そしてディベートとして形になるまでまた一年かかった。つまりアメリカの地を踏んでから四年たったことになる。

そしてその頃までには、僕が有機合成化学で博士号を取得するための成果がかなり整いつつあった。

第8章

博士号を取得し、企業研究者を志す

僕は先にも述べた通り、日本の大学を卒業した後、同じ大学の博士前期課程（修士）に進んだものの そこを離れ、アメリカの大学院に入りなおした。日本とアメリカ、それぞれのカリキュラムの一環として研究室に所属し、日米合わせると合計七年間にわたって学生として研究に取り組んだことになる。研究分野はこの間一貫して「有機合成化学」。ドラフト（陰圧式実験台）を備えた実験室で有機溶媒を使用した反応に取り組むというものである。

それぞれの研究室において与えられたテーマや目的は異なっていたが、有機合成化学でも「素《そ》反応」と呼ばれる分野であったことは共通している。

素反応vs.全合成

有機合成化学には大きく分けて、全く新しいタイプの反応を探求する「素反応」と呼ばれる研究テーマと、既知の反応を組み合わせて複雑な有機化合物を作る「全合成」という研究テーマの二つがある。前者は来る日も来る日も同じような条件で反応を試み、時には試薬や温度・出発物質を細部まで検討した上で誰にでも再現できるような新しい合成法を確立することが目標となる。研究室に配属されたばかりの学生にはだいたいこういう課題を与えることが多い。

これに対して後者の場合、目的物質にたどり着くためにいろいろな反応経路をパズルの組み合わせのように考えた上で、そのパズルの解答案に最もフィットするような出発物質・試薬を使って多段階の合成を試みることになる。中には操作が極めて難しい反応を実行しなければならない場合もあるため、大学院生でもかなり経験を積んだ優秀な人か博士研究員にしか与えられないテーマであることが多く、場合によっては何人かでチームを編成して取り組むことだってある。

もうおわかりだろう、優秀な学生や研究者ほど「全合成」をやらせてもらえる可能性が高いが、僕はそこまで優秀ではなかったのだ。特にアメリカの大学院で所属したラリー・E・オーヴァーマン先生の研究室は複雑な天然物の全合成で世界的に有名なところだが、僕はそこでも全合成をやることはなかった。いや、正確に言うと新しい素反応を開発するところまでは成功したのだが、それを天然物の全合成に応用することが結果的にかなわなかったのだ。だから僕よりも優秀で全合成を任されていた仲間をとてもうらやましく思ったものだった。

ところが、素反応の研究に取り組んでいたことが結果として企業研究で大いに役に立つことになるのだが、この時の僕には知る由もない。詳しい話は次の章で触れるが、何はともあれ素反応の開発そのものには成功したので、無事博士号を取得する条件が整ったのである。

海外で就職活動に挑む

大学院最後の半年は、研究成果を博士論文としてまとめていく一方で、就職活動が本格化した時期でもあった。アメリカで職に就くことも最初は考えてみたのだが、永住権のない外国人が就職するためには会社から就労ビザのスポンサーになってもらう必要があり、他のアメリカ人博士を差し置いて就職できるほどの研究成果を持たない外国人の僕に目を向けてくれる会社は一つもなかったので早々に諦め、日本の会社に就職するための活動を始めた。

当時、僕は業種や企業の個性、内資・外資の違いなどについてはそれほど気にしていなかった。留学でアメリカに住んでいて日本国内の企業の見学をする機会がなかったこともあり、とにかくどんな業種でもどんな会社でも、僕に興味を持ってくれたら入社を前向きに検討しよう、というやや受け身な考え方に終始していた。今から振り返ってみるとかなり出来の悪い学生だったなあと反省することしきりである。

でもちょっとだけ言い訳をさせてもらえば、時代は一九九九年。インターネットはダイヤルアップ接続が主流、電子メールはようやく日本語で打てるようになったというタイミングであり、情報収集という点ではかなりハンディがあったのだ。当時、大学・大学院での学位取得を目的とした留学が文系・理系ともあまり一般的でなかったのはこの「情報格差」が大きかったと思う。

そんな僕のもとに、一つありがたい情報が舞い込んできた。アメリカの製薬会社メルクが株式の半分以上を取得している、日本の万有製薬が持つ研究所で働かないかというものである。協業関係にあるメルクの研究所所属の方からこのお誘いをいただき、日本とアメリカで面接をしていただいた上で採用となった。

配属先は愛知県岡崎市。新しい生活が始まろうとしていた。

第9章

企業研究者になって、僕がやったこと

国内製薬会社研究所 編

僕の企業内研究所時代の専門は「医薬品原薬製造のプロセス化学」である。

皆さんが薬局や病院などで見かける一般的な医薬品は大きく分けて「バイオ医薬品」と「低分子医薬品」の二種類がある。違いは有効成分＝原薬の大きさ（分子量）で、蛋白質や核酸のような巨大分子が原薬になっているのがバイオ医薬品とされ、分子量が二千以下だと低分子医薬品に分類される。

低分子医薬品に含まれる原薬の多くが三百から五百程度の分子量であり、市販の化学物質から有機合成化学の技術を使って作られることが多い。研究所における僕の仕事は、その原薬をどうすれば安価かつ高品質・高収率で大量に製造することができるかを考え、実現することだった。

「素反応研究」の経験が「プロセス化学」に役立つ

先にも述べた通り、僕の大学院時代の専門は有機合成化学の「素反応」。「全合成」をやっていた学生と比べると反応の知識・経験でやや見劣りがする。そんな僕がなぜこの「プロセス化学」という分野で能力を発揮することができたのか。

「全合成」を任される学生や研究員は、頭もいいが腕もたつ人が多い。特に天然物の全合成に取り組む場合、各工程の反応完了後に速やかに後処理をし、時にはやや不安定な生成物を取り出してさっと次の工程に進めるような作業も行う。このため難易度の極めて高い反応を次々と成功させるような「神の手」を持った人ほど尊敬を集めるわけだ。但しこのような研究において必要な量はそれほど多くなく、最終的に数ミリグラムの目的物が得られていれば充分であることが多い。しかも残念なことに、「神の手」の研究者による実験データは他の研究者による再現が困難なことが多い。

実験室なら小さな漏斗を使って数分で完結する「濾過」も、製造現場での作業となるとこれだけ大掛かりなものとなる

一方、プロセス化学とは原薬を大量に製造するための研究だから、目標とする量も通常の実験室で作る量とは桁が違う。しかも一人だけで作れる量ではない。

皆さんが理科室などでよく目にする実験器具はガラスでできていて、大きさとしても数ミリリットルからせいぜい一リットル程度のサイズだろう。そういう器具を使ってできる医薬品の原薬は一回あたりせいぜい数ミリグラム、多くても五グラム程度だ。

プロセス化学では最初の検討でこそそういう小さな器具を使うこともあるが、ひとたびアタリがついたらスチールなど丈夫な素材でできた「反応釜」を使うことになる。こういう器具には実験室に入る「ミニプラント」というサイズのものもあるが、実製造前の最終段階の検討ともなると多くの計器や特殊なバルブを備えた数百リットル～数千リットル級の巨大な釜を使うことになるのだ。こうなるとそもそも僕たちのような実験室出身の研究者が自分たちの手で作業できるような分量ではないため、化学工学の専門家や多くのプラント技術者・作業員の皆さんにすべての計画・操作をお願いしないといけない。また、実験室なら数分で終わるような作業でも、大きな反応釜を使えば数時間は必要になるため、一つの化学反応を精製・単離まで完結させるためには数日を要する（つまり作業員も昼夜シフトを組んで対応する）という場合がほとんどだ。

こうなると、仮に「神の手」を持った研究者が実験室で難度の高い反応を成功させたとしても、その反応がプラントでそのまま再現されることはあり得ないと言っていい。

これに対して、学生時代に「素反応」に取り組んだ僕のような研究者なら、「他の人も再現してもらえるような反応にする」という大前提があるのでこれまでの経験をフルに活用できるのである。経験を活用できる、といってもハードルは高い。反応の仕込みから後処理を経て最終物の収率・純度に至るまで、誰が何度やっても完璧に再現可能であることが条件だ。

なに、頑張って検討すれば済むことじゃないかって？　それでは思い返してみて欲しい。巷にあふれるカリスマ料理人のレシピ、あなたの手で完璧に再現できたことがあるだろうか？　趣味で作る料理なら失敗しても材料や道具を責めれば済むが、医薬品は人様の体に入るものであり、間違いは絶対あってはならない。この不可能を可能にするのがプロセス化学の醍醐味なのであ

プロセス化学とは、カリスマ料理人のレシピを誰にでも再現できるようにするような苦労がある

る。

「大学や大学院でやっている研究は企業では役に立たない」と言われることがあるが、少なくとも僕については当てはまらなかった。僕はひょっとしたらラッキーだっただけなのかもしれない。でも「世の中に無駄なことなんてないものだ」というのが僕の信条だ。

プラント製造を経験する

一方で、大学や大学院での研究活動では到底経験し得なかったのは、実際のプラント製造だ。いくら「大学院で素反応をたくさんやっていました！」と胸を張って言えても、それは多くてもせいぜい百グラム程度のものを作るためだけの研究。必要な反応容器にして五リットルくらいが関の山で、ガラスでできた実験器具だけで充分対応できる。そんな僕が急に「一キログラムの原薬を作ってくれ」と言われても一人では絶対にできない。

そういうわけで、製造現場を知り尽くしたベテランにいろいろ教えを乞うことになるのである。

僕が社会人として最初の三年間を過ごした万有製薬岡崎事業所は、名古屋鉄道東岡崎駅から歩いて十五分ほどのところにある住宅街の中にあり、敷地面積こそそれほど大きくないものの、一九四五年に国産ペニシリンの製造を始めてから脈々と続く歴史ある工場があった。中を歩けば勤続何十年の大ベテランの作業員の皆さんがフォークリフトを自在に操り、原料を製造タンクに投入し、使用後の機器をきちんと洗浄の上で整理収納するなどいろいろな作業を黙々とこなすところに遭遇した。出来上がった原薬を分析する部署に足を向ければ、これまた経験豊富な技術者の皆さんが分析機器を自在に操って製品の品質保証の最前線に立つ。そんなプロ中のプロの皆さんに原薬製造のイロハを手取り足取り、時には厳しく教えていただいたのは僕にとって本当に素晴らしい経験だった。

だから実験室レベルでの検討においては大学院時代の経験を活用しつつも、実際のプラント製造を目の当たりにしながらその作業方針や使用する機器、果ては入手できる原料の純度に則したものを開発していくことになる。特に入手できる原料の純度が供給業者によってばらつくことは非常によくあるため、業者が変わったら製造プロセスを大幅に変更……などという事態になることもあった。

海外の研究所との共同作業

岡崎の研究所のもう一つの特徴は、日本の会社であるものの親会社がアメリカにあり、アメリカ法人の持つニュージャージー州の研究所との共同業務が多かったことだ。日本の研究所で反応条件の検討を行ったプロセスをアメリカのプラントに技術移管の上で製造したり、日本の研究者がアメリカの研究所に短期出向したりするなどの人事交流も盛んだった。

アメリカ側の人たちが岡崎まで来てプロジェクトの進捗レビューを合同するのは日常業務の一部で、僕を含めた多くの若い研究者たちが英語でのプレゼンを求められることが多かった。また、特定のプロジェクトのみに焦点を当てた定例のビデオ会議などもあった。当時はまだインターネットの黎明期でウェブを主体とした会議は実現できておらず、参加者はプレゼン用の資料を紙で準備した上で、補助カメラを通してその紙を投影する形で相手側に説明するという手法をとっていた。

当時の日本の会社の人たちは外国人の入った会議に慣れておらず、特に高い役職の方が同席されるような場合は通訳を手配していただくこともあったが、これは僕のいた研究所においてはうまく機能しなかった。通訳の皆さんはビジネスや医学関係の用語なら難なく対応できるのだが、原薬の化学合成プロセスや製造プラントの工業技術的な問題などその分野特有の専門用語が飛び交う会議の同時通訳など誰にもできないのだ。僕はアメリカ留学の経験があったので英語力を買われて担当プロジェクト以外のいろいろな会議に引っ張り出されることが多く、中にはあまり面白くないものもあって当時は迷惑に感じたものだが、今から思うといろいろなことを経験させてもらえたと感謝している。

新しいプラントの設計・建設に関わる

岡崎で得た経験はこれだけにとどまらない。僕が担当者の一人として関わっていたプロジェクトの原薬がいわゆる「細胞毒性」のある物質で、作業安全上の理由により製造エリア全てが陰圧

（つまり空気が外から中にしか流れず、作られたものが外に絶対に出ないようコントロールされた状態）にされていなければならなかったのだ。そこで実生産に向けた研究開発の過程で、そのような製造エリアを岡崎に新しく建設することになったのである。いわゆる「新規プラント建設」だ。

プラント建設となるとプロセス化学専門の研究者の出る幕はあまりなく、計画から建設までのかなりの部分を化学工学の専門家が担う。特に今回必要とされたのは製造エリア全体を陰圧に保つという特殊な構造の建物だったため、アメリカの親会社から多くの人々が来日し、建設会社や反応釜等の機器メーカーを交えての会議が頻繁に行われた。僕は専門家ではないにもかかわらず例によって英語力を買われてこういう打ち合わせにも出させてもらったのだが、これが大変勉強になった。

何より驚いたのは、このようなプラント設計に際しての作業安全性に対する考え方だった。僕たち化学実験室出身の研究者は化学反応を実施する際に安全に最大限に気を配るのは当然だが、その安全の担保はあくまで実験者本人に対するトレーニングや経験の積み重ねに重きを置く形で行われることが多かったと思う。それに対して大量生産を見据えた化学プラントの設計においては、作業員一人一人の能力・経験やトレーニングの充実を図ることよりも、そもそもプラントの設計そのものがあらゆる不測の事態に備えたものであるべき、という考えに基づいていた。だから作業安全のシミュレーションにあたっては「作業員がこういうミスをしたらどうなるか」とか「反応がこんな風に制御不能になったらどうなるか」といったような様々な「想定外」を仮定した上で、その製造設備がそういった不測の事態に耐えることが可能かを徹底的に検証していた。この議論に参加できたことは後年、若手の研究者を育成する立場になった時にとても役に立っており、とても感謝している。

万有製薬岡崎事業所（2002年頃撮影）

外注業者との協業

岡崎での経験を語り出すときりがないのだが、最後に一つだけ「外注業者との関わり」について書いておきたい。

岡崎事業所には立派な反応釜が数多く設置されていたが、全ての製品を製造できるだけの余裕があったわけではない。中にはちょっと特殊なプロセスや原料を使うために自社の設備では対応ができない場合もあって、そういう時には専門の化学メーカーなど他社に外注する形で対応することになる。

外注となると数社から見積もりを取った上で最も安価なところにお願いする……という流れを想像されるかもしれないが、医薬品の原薬製造に際してはそれに加えてGood Manufacturing Practice（略してGMP）という国際的な法規制に合致しているかなどいろいろな基準をもとにして総合的に判断することになる。必要とあれば、社内で外注を専門に扱う部署から外注候補の会社に対して簡単な「査察」をさせていただくことも珍しいことではない。人様の体に入る医薬品ならではのユニークかつ厳しい規制にきちんと合致するような業者を選定することが目標である。

そして外注先がめでたく選定された後、その業者と僕たちプロセス化学担当の研究者との打ち合わせが始まり、僕たちから外注したい反応プロセスの詳細を開示の上で疑問点、変更が必要な点などを確認した後、製造を実施してもらう……という流れになる。

原薬製造の外注はこのころ（二〇〇〇年初頭）から中国やインドの会社が続々と参入していたが、岡崎事業所では確か日本国内のメーカーとしか取引がなかったと記憶している。それでもいろいろなタイプの会社があって得意分野（反応の種類や条件等）も様々。どのメーカーの皆さんとの協業も楽しかった。ただ、社内のプラントを利用した製造と異なり、一度相手先のメーカーに引き受けてもらったら後は基本的に全てお任せであり、製造現場に立ち会ったりすることはなかったと記憶している。それだけ信頼できるメーカーばかりであり、製造終了後にメーカーからいただく記録書や報告書には僕の製造プロセスの中でよくなかったところが忌憚なく記されている場合もあって大変参考になった。外注したメーカーの皆さんからいただいた報告書は僕にとって「通知表」だったと思っている。

このように、僕は僅かの期間で大変貴重な経験をさせていただき、研究者として少しずつではあるが成長することができた。そんな僕に転機が訪れたのは会社員生活を始めて三年ほどたったころだった。

第10章 企業研究者になって、僕がやったこと

米製薬会社米国研究所 編

僕はアメリカの大学院で五年間を過ごしたので、同じ研究室の先輩後輩を含めて多くのアメリカ人と知り合いになっていた。彼らの多くがアメリカやヨーロッパを中心に散らばることとなり、当時爆発的に普及したインターネットやメールを通して簡単に連絡を取り合うことができるようになっていたのである。

そんな中で二〇〇一年、大学院時代の一年上の先輩でアメリカ・カリフォルニア州ラホヤにいる人から「うちの会社の研究所に空きがあるよ」という話をいただいた。ラホヤは留学先だった

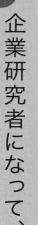

アーバインから車で二時間ほど南に下ったところにある大きな街で、何度も行ったことのある馴染みのエリア。日本での仕事には満足していたが「まあダメもとで」という軽い気持ちでエントリーしてみたところ、トントン拍子で話が進んで「内定」をいただいたのだ。

僕はその時結婚していて、奥さんと二歳になる娘がいたが、奥さんは僕がアーバインで学生をしていた時代から一緒に生活していてアメリカ生活は初めてではない。娘はまだ幼いので異国の生活にはすぐに慣れるだろう。じゃあラホヤに動くのを躊躇する理由がないな……ということでアメリカに移住することにしたのだ。二〇〇二年十月のことである。

僅か三年の勤務で離れることになった僕を、岡崎の皆さんはとても快く送り出してくださった。この会社が不満だったわけではなく、むしろとても楽しく、学ぶことばかりの実りある三年間だった。でも若いうちに少しでも高い目標で挑戦を続けたい……という僕の我儘に発する転職だったが、暖かい目で見てくださった当時の同僚・上司・先輩の皆さんには心から感謝している。

しかしそれからさらに三年後の二〇〇五年、この素晴らしい岡崎事業所はアメリカの親会社の方針で閉鎖が決定されてしまうことになるのだが、この時の僕たちには知る由もない。

「企業研究者」としてカリフォルニアにカムバック

新天地となったファイザー株式会社ラホヤ研究所は、アメリカ西海岸のカリフォルニア州の最南端、サンディエゴ郡にある。留学先だったアーバインよりも更にメキシコの雰囲気が漂うエリアだ。西側には白砂のビーチが延々と続き、サーフィンのメッカとして有名であるだけでなく、そのビーチのすぐそばにあるトーリ・パインズ・ゴルフコースは「全米オープン」の開催地の一つとして世界的にも名高い。また、古くからメキシコに工場を持つ日本のメーカーの駐在員やその家族の皆さんの生活拠点として機能していたため日系のレストランやスーパーマーケットがたくさんある。日本航空が二〇一二年からサンディエゴ国際空港に乗り入れていることもあって、日本人が住むには大変便利なところである。

さらにここには、スクリプス研究所やカリフォルニア大学サンディエゴ校など世界有数の研究機関があり、バイオベンチャー企業も数多く生まれている。このため日本人を含めた数多くの研究者がこのエリアに住んでいるのだ。

ファイザー株式会社ラホヤ研究所は当時、医薬品の研究開発の中でも特に「基礎研究」を中心に行っていた。つまり創薬のターゲットとなる疾患に対して候補となりそうな化合物を探し、実際に作ってみた上で細胞から動物実験レベルでの試験を実施するのが主な業務である。だから万有製薬岡崎事務所のように立派な工場設備があったわけではないのだが、それでもヒト対象の最初の臨床試験（フェーズI試験）に必要な程度の量であれば製造可能な設備と人員を備えていた。僕はそのグループの一員となり、基礎研究グループからあがってくる開発候補品の毒性試験や臨床試験用に数グラム～一キログラム程度の量の原薬を製造する仕事に取り組んだ。国も違えば会社も違ったが、研究者として取り組まなければならないことに大して違いはない。「医薬品のプロセス化学」の場合、どこの世界の技術系科学者も大切にする「ものづくり」の思想そのものである。

また、工場こそなかったものの実験室にあるガラス器具では到底対応できない量上げのために百リットル級の可動式反応釜も備えつけてあり、こういう装置の操作にあたっては岡崎の時と同様、熟練の作業員との共同作業になることが多かった。

面白いのは、このラホヤ研究所においてはそういう熟練作業員の多くが退役軍人の方々だということだ。戦場に送られていた人こそいないようだったが、長らく原子力潜水艦でエンジニアを

ラホヤ研究所時代の仕事仲間たち（左から２番目が著者）。右後方にあるのが陰圧式実験スペースと可動式反応釜

していたおじさんや、一九七〇年代に日本に赴任していたというおじいさんまでいらっしゃった。「俺、日本に駐留していたとき孤児院でボランティアしていたんだよ」と言って日本人の子供たちと撮ったセピア色の古い写真を見せてくれたそのおじいさんには、僕が担当プロジェクトを進める際にもとてもお世話になった。

軍隊出身ではなくても、いろいろな機械操作を必要とする仕事を渡り歩いた人が多いのが原薬製造という分野の特色である。メキシコから移民の形でアメリカに入り、腕一本で仕事をされている方も多かった。こういう人たちは高学歴でこそないものの、長年の経験に裏打ちされた確かな能力で部署の欠かせない戦力となっていた。

一方で、有機合成のルートや反応条件の検討を行う僕たち研究員の仕事については、岡崎の時代とも大学院の学生だった時代ともそれほど大きな違いはなかったと思う。アメリカの大学院の時と同じく実験室の中央にはラジカセがドンと置かれてロックがガンガンかかり、若手から中堅を中心にした研究者たちが担当プロジェクトに熱心に取り組む。実験の合間や行き詰った時などは外に出て体を動かす人がいるのも同じ。強いて違いがあるといえばそれは議論のスタイル。「大学と企業の違い」というよりは「日本とアメリカの違い」と言った方がいいだろう。端的に言うと「激しいディベートを通して徹底的に意見を述べ合い、合意の上で次に進める」というのがアメリカのスタイルだ。

幸い僕にとって、その議論のスタイルはアメリカ大学院時代に学んだやり方そのものだった。だから岡崎からラホヤに移った後は、またあの楽しい学生時代に戻ったような気分ですんなりアメリカ人研究者たちの輪に入ることができたと思う。あの時と違ってみんな学生ではなく会社員だが、相対的に若い人たちが多かったせいか実験室の雰囲気は僕のアメリカ留学時代の記憶そのもの。時間を見つけてサーフィンに行く人がいるのも南カリフォルニアの研究所ならではだ。そして何よりも、恩師のオーヴァーマン先生がコンサルタントとして定期的に会社にいらっしゃっていたので旧交を温めることができたのが嬉しかった。

初めての「プロジェクトリーダー」

そんな僕に「プロジェクトリーダーにならないか？」という話が舞い込んできたのは、ラホヤに移って二年近くたったころだった。これまで他の人のプロジェクトの中で大量合成の部分だけを任されていたが、今回の話は製造ルートや条件を検討するところからできる役割。面白そうだったので引き受けることにした。

しかし、これを始めてみてすぐわかったのは「リーダー」とは名ばかりであり、実際はアシスタントも共同研究者もいないというワンマン状態の仕事だということだった。「話がちゃうやんけ！」と怒りそうになったが思いなおし、何事も経験だとばかりこのプロジェクトの探索側の研究者とのコミュニケーションを開始したのだが、これが思いのほか勉強になった。

ミリグラム単位でしか作ったことのない化学者との協業だけでなく、毒性試験の専門家やバイオロジストなどこれまで関わったことのない分野の皆さんとお話しするというとてもいい経験ができたのである。また偶然にも薬物動態のグループからの担当者は日本人であり、プライベートでも家族ぐるみでお付き合いすることができたのもよい収穫だった。ちなみにこの研究所には当時僕を含めて四人の日本人が在籍していて、定期的に社員食堂で「ランチ会」と称して情報交換の場を設けていた。

とはいえ実際の製造はたった一人での実施という孤独な作業だった。決して複雑な合成ではなく、実際僕の手でも中盤までは非常に順調に進むのだが、最後の最後、原薬の最終物を結晶体として単離精製する工程を大量スケールで実施するのは困難を極め、時に反応液の攪拌《かくはん》中にあまりの粘性の高さにガラス製の攪拌棒が破損し、混入したガラス片の除去に泣いたことも一度ではなかった。出来上がった生成物についてもほとんど自分で分析して純度や物性を確認する羽目となった。

幸い、プロジェクトそのものは途中で頓挫することなく比較的スムースに進み、臨床試験用の原薬を作り始めるころには僕以外の担当者も次々入ってきて、小ぢんまりしたチームながらも楽しく業務を進めることができた。

また、ラホヤ研究所では岡崎の時と同様、外注業者との協業も数多く行った。この研究所が工場レベルの大きな製造スペースを持っておらず、大量製造といってもせいぜい一キログラム程度の原薬を作るのが限界であったことを考えれば当然のことであろう。

この研究所の前身である「アガロン（Agouron）」というバイオベンチャー会社の時代から取引のあるところが数社あり、数キロ〜数十キロのスケールで作らなければならない中間体などについてはこれらの会社に対応をお願いしていた。内訳はアメリカやヨーロッパの会社ばかりだったが、中に日本の業者が二社含まれていたのには驚いた。この二社と取引を始めた経緯はよくわからなかったが、日本の業者だけに納期を一日違わず守ってくれるのが嬉しい。

僕がプロジェクトを直接担当するようになった際、ある中間体の納期が全体のスケジュールを左右する状態だったので、その中間体は日本の業者にお願いすることにした。外注担当の女性に「だってヨーロッパの××社の方が安いのよ」と抵抗されたのだが僕は譲らなかった。おかげで僕はいろいろ追加で書類を書かされる羽目になったが、この日本の業者は僕の期待に見事に応え、難しい四工程の反応を期日通りに仕上げてくれた。

これは後日譚となるが、現在、僕がこのプロジェクトについて日本の大学などで講演する折には、最後の謝辞のスライドにこの業者さんの社名と当時の担当の皆さんの名前を出すことにしている。このプロジェクトではアメリカはもちろん、インドや中国、オランダ、スウェーデン、オーストラリアなどの業者ともいろいろなやりとりを行うことができた。日本以上にバラエティに富む個性ある会社ばかりであり、今となってはとてもいい思い出である。

そんな刺激的かつ楽しいラホヤ研究所での仕事だったが、僅か三年で終止符が打たれることになろうとはこの時の僕は思ってもみなかった。

暗転

二〇〇五年のとある日の朝のラホヤ研究所。僕が所属する部門の人たち三〇〇人ほどが急遽大きな会議室に集められた。その場で部門長から、僕たちの部門がなくなることとなったと伝えられたのである。「部門がなくなる」というのはもちろん「自分たちの職がなくなる」ということと同じ意味である。一瞬にして阿鼻叫喚の巷と化したこの会議室での光景は、今でも僕の網膜に焼きついて消すことができない。

仕事を失うことになったとはいえそこは会社員、現在ある仕事を放り出してしまうわけにはいかない。途中となっている業務を完結させ、そのプロジェクトの引き継ぎ先が決まった後の技術移管をこなさなければならなかった。更には自分たちが使っていた実験室をきれいにするという仕事まである。一連の業務は精神的にかなりつらいものばかりで、僕は毎日の酒量が増えて肝臓を傷めてしまった。

これに加えて僕自身の新しい仕事を探さなければならない。僕だって家族を抱え（この時には二番目の娘が生まれて四人家族になっていた）、異国で無職になるのはまっぴら御免だった。そ

アメリカの会社はシビア。突然、部門ごと閉鎖になることも……

もそも僕は当時アメリカの労働ビザで仕事していたのであり、仕事がなくなれば自動的に家族もろともアメリカからたたき出されてしまうことになるのだ。

幸い、会社では仕事のなくなる従業員に対して半年以上の猶予期間を設け、他の事業所・研究所の空きポジションが社内公募され、僕たちも手を挙げることができた。ただ残念なことに当時ラホヤ研究所にそういうポジションがほとんどなく、僕はアメリカ国内の他の研究所二ヵ所とイギリスの研究所に応募した。

僕はひそかに「アメリカの研究所のどちらかは雇ってくれるのではないか」と期待していたのだが、蓋を開けてみればどちらも落選。僕が手塩にかけて進めていたプロジェクトの移管先に決まっていたミシガン州の研究所からですら良い返事は得られなかったのだ。そして意外や意外、大西洋を挟んだイギリスのケント州サンドイッチにある研究所から「来てみないか」というお誘いをいただいたのである。

第11章 企業研究者になって、僕がやったこと

米製薬会社英国研究所 編

イギリスの首都ロンドンから特急電車に乗って南東方向に進むこと一時間、「イングランドの庭園」と讃えられるケント州の美しい田園地帯を抜け、彼方にヨーロッパ大陸を臨む港町ドーバーで下車してから更にタクシーに乗り換えて二十分ほど北に行ったところにサンドイッチという名前の小さな街がある。中心部には中世チューダー様式の家が立ち並び、歴史的に大変貴重なため「景観保全地区」に指定されていて家の建て替えやアンテナ等の設置が厳しく規制されている。郊外にはなんとローマ帝国侵略時の城跡（というより廃墟）が残る。かつては石炭を使った

火力発電で栄えたがサッチャー政権下の構造改革によって衰退し、今ではファイザーが所有する研究所兼工場が大きな雇用先となっている。ちなみに「サンドイッチ」という名前はその昔、この辺りが砂（サンド）の浜辺だったことに由来するといわれていて、食べ物のサンドイッチとは何の関係もないということが街のホームページで紹介・説明されている（http://www.open-sandwich.co.uk/town_history/sandwich_origin.htm）。

しかしこの街、実をいうとゴルフ好きにはとても有名なところである。世界のゴルフ選手権の中で最も歴史が古く権威のある「全英オープン」が開かれる九つのゴルフコースのうちの一つ、ロイヤル・セント・ジョージズ・ゴルフクラブがこの街にあるのだ。普段は静かなサンドイッチも全英オープンの期間だけは国内外のゴルフファンや報道関係者でごった返し、とても賑やかになる。

イギリスに移住する

ラホヤ研究所の職を失うことになった僕に対して舞い込んできたサンドイッチ研究所からのお誘いに、普段は何事にも楽観的な（というより何も考えていない）僕も正直躊躇した。同じ会社でしかも英語圏とはいえ住んだことのない国。しかも幼い子供たちを伴っての移住となれば教育・医療のことを含めた不安がつきまとう。

幸い、会社から旅費をいただいて家族全員で「見学」としてイギリスに訪問させてもらい、研究所の中の雰囲気やその周り、学校を含めた生活環境まで見させていただくことができた。僕はその時の奥さんや娘たちの楽しそうな顔を目の当たりにして「これなら大丈夫そうだ」と腹をくくり、転籍に関係する書類にサインした。こうして二〇〇六年三月三十一日、アメリカ生活に別れを告げて家族全員でイギリスに移住したのである。

遠くアメリカ西海岸から引っ越してきた僕たち家族を、サンドイッチの皆さんはとても暖かく迎え入れてくれた。サンディエゴから来たと自己紹介すると「まあそれは大変だったねぇ。せっかくあんないい天気のところにいたのに何でまたこんなに雨ばっかりのところに来たの?」と同情されたものである。そこで僕は「いやあ、もうカリフォルニアで二十年分くらい太陽光を浴びて紫外線が気になったんですよ」と返事して笑わせた（冗談のような答えだが、実はかなり本音が入っている。南カリフォルニアの人たちは普段から太陽光を浴びすぎている上に空気が極端に乾燥しているので皮膚に問題を抱えている人が多いと思う）。イギリス英語は地域によっては非常に訛が強いが、サンドイッチを含めたケント州の方言「ケンティッシュ」は外国人である僕たちにとってクイーンズ・イングリッシュ（標準語）とそれほど大きな違いがなく、すぐに慣れることができた。

しかし、しばらくすると僕は「英語の発音」以外にも、イギリスがアメリカとずいぶん違うところがあることに気づき始めた。

アメリカ人 vs. イギリス人

イギリス人の英語の発音に慣れてきてまず気がついたのは、彼らが多くの「へりくだり表現」を使うことである。僕の言ったことがわからない場合、アメリカ人ならただ一言〝Sorry?〟で済ませるがイギリス人なら〝I beg your pardon?〟だ。礼節を重んじる年配の方ならまだしも、公園で遊ぶ幼い子供にまで〝I beg your pardon?〟と言われると面食らってしまう。他の日常会話においても〝My sincere apologies, but……〟だの〝Would you mind……?〟といった、いかにも申し訳なさそうに切り出す言葉が頻発する。「英語にもこんなにたくさん『謙譲語』があったんだ……」と驚く毎日である。逆に僕がアメリカで慣れ親しんだ単刀直入かつ直截的な言葉で切り返すと「そんなきつい言い方をしなくても……」と拒絶反応が返ってくるので、あわてて僕も

同じ英語を話していても、イギリス人とアメリカ人は本質的な部分で相容れないところがある

へりくだり表現を使い始めた。日本語でもよく使ういろいろな「相手を敬う前置き」の英語版を入れるだけなのだが、それでも相手にはより快く受け入れてもらえた。アメリカ式の発音であるなしが問題なのではない、謙譲表現が入っているかどうかがポイントなのである。

僕の戸惑いが確信に変わったのは、会社でアメリカ人とイギリス人が混じった状態で会議が行われた場に同席したときのことである。

僕の勤め先の会社は本部がアメリカにあり、株式もアメリカに上場しているため「アメリカの会社」ということになっている。しかしサンドイッチ研究所はイギリスにあるので、従業員のほとんどはイギリス人であり、一部にフランス人など大陸側の国籍の人々がいる程度である。そこに仕事の関係でアメリカの本部、もしくは事業所のメンバーが訪れることも少なくない。そういう場合、打ち合わせ等でアメリカ人とイギリス人が対峙することになるのだ。

サンドイッチ研究所内の会議においては、「お客さん」であるアメリカ人の方が出席者としては少数派だ。しかしこういう場で発言するのは圧倒的にアメリカ人側からである。自分の考えやアイディアがいかに素晴らしいかを力説し、イギリス人に同意してもらおうとする。対するイギリス人は笑顔で返し「うん、確かに」などといった相槌程度の返事をする。しかし休憩時間となり、気心知れたイギリス人だけで集まった時になると〝Well, that was rubbish.〟(「なんだいあのゴミみたいなアイディア」)などとコソコソ、ブツブツ悪口を言い始めるのだ。一方でアメリカ人の皆さんは、ラホヤ研究所時代から旧知の僕に駆け寄ってきて「いやあ、イギリス人っていい人ばっかりだね。いつも笑顔で応対してくれる。でも俺、あいつらが一体何を考えているかよくわからないんだ。教えてくれないか?」などと真面目な顔をして質問してくる。その時僕は(彼らには大変申し訳ないのだが)笑いをこらえるのに必死だった。

読者の皆さんにはもうおわかりだろう。単純明快な表現を使って効率的に議論を進めようとするアメリカ人のやり方にイギリス人が拒絶反応を示しているのである。

イギリス人は自分の意見やポリシーを持っていても、いきなりそれを相手に開示したりはしない。相手の顔色や発言内容を注意深く聞きながら、自分なりに吟味した謙譲表現を織り交ぜて少しずつ意見を述べ、相手が気分を害しないように配慮しつつ根気強く説得していくのが彼らの議論のやり方なのだ。それに対してアメリカ人はなるべく効率的に議論を進めようとするので言葉の使い方が直截的になることが多く、場合によっては攻撃的なトーンになる。そんな言い方をされたらイギリス人は黙りこくってしまい、正直に自分の意見を言うことができなくなってしまうのだ。

このような場に何度も出くわして、僕は初めて「イギリス人って日本人とよく似ているなぁ」と思った。

日本人もアメリカ人との会議では発言をあまりせず、アメリカ人の直截的な物言いになかなか反論できないことが多い。もっともアメリカ人の方も日本人と議論する場合なら「英語が堪能でないせいだろう」と気遣ってくれることも多く、時間と手間さえ少しかければ双方が納得できる結論が導き出せる。

しかし「アメリカ人対イギリス人」だと言葉の壁を理由にすることができず、双方が自分の議論のスタイルを譲らないために会話が膠着状態に陥ってしまうのだ。例えばアメリカ人が自分の表現に少しでも婉曲表現を挟み、イギリス人の方も多少の遠慮を捨てて対案を正直に提示すればこういうことにはならないと思うのだが、そこはどちらも英語圏の人たち。自分たちの間に致命的な溝があることに気づいていないか、もしくは薄々気づいているものの認めたくないのか……。僕はこっそり、後者の方じゃないかなと想像している。同じ言語を操りながらも永遠に理解し合えないこの二つの国の人たちの状況を〝Divided by a common language〟というそうである。

しかしイギリス人はなぜこんなに謙虚なしゃべり方をするのだろうか。そもそもイギリスはかつての「大英帝国」。多くの国を次々と植民地にし、江戸末期の日本にもやってきて開国を迫るなど結構高圧的に振る舞っていた時代があったはずだ。その時の彼らのしゃべり方が録音として残っていないのは残念だが、今のアメリカ人のしゃべり方とあまり変わらなかったのではないかと想像する。

そんな大英帝国が二度の世界大戦を経て大幅に国力が低下し、いつの間にかアメリカに引導を渡され、植民地を次々と手放した挙句、「ヨーロッパの病人」と揶揄されるまで落ちぶれてしまった。イギリス経済が上向き始めるのは「鉄の女」と言われたマーガレット・サッチャー首相が身を切る改革を断行し始めて以降だが、こんなどん底を経験したことが彼らの英語の謙虚さ（卑屈さ？）を育てたのだとしたら、これほどの歴史の皮肉はない。

文化についての話がとても長くなってしまったが、他については日本・アメリカ・イギリスともそれほど大きな違いがあったわけではない。実験室に行けばアメリカのものと区別がつかないくらい同じ雰囲気であり、「三度の飯より実験が好き」を地で行く研究者たちがそれぞれのプロジェクトに取り組んでいた。もちろん実験室の真ん中にはラジオがドンと置かれ、ブリティッシユロックがかかっているのもご想像の通り。ただサンドイッチ研究所はかつての勤め先だった岡崎の研究所と同様、一九五〇年代から工場があるとても歴史のある事業所である。だから勤続三十年を超える大ベテランがたくさんいた。詳しく調べたわけではないが、炭鉱や火力発電関係の仕事がなくなったためにこの工場に移ってきた人も多くいたに違いない。

日本やアメリカでもそうだったが、こういう工場所属のベテランは愛想のない気難しい人が多く、話すことを躊躇する若い人が多かった。でも僕は若い人たちにこそ、こういうベテランとしっかり話をしてほしいと思っていた。確かに最初は邪魔者扱いされると思うが、敬意をもって何度も丁寧に教えを乞いに足を運べば、ある時から急に心を開いてくれ、気に入られようものなら虎の子のテクニックをたくさん教えてくれるようになるのだ。

パットさん。僕の手元にはこの後ろ姿の写真しかないのだが、長く製造現場に立たれたこの方らしいお姿である

パットさん

サンドイッチ研究所にいたそんなイギリス人の一人をここに紹介したい。Patricia Searleという名前で、職場の皆さんに「パット」と呼ばれていた、小柄なおばあちゃんである。

僕がサンドイッチ研究所で働き始めたころ、パットさんは事業所の従業員の中でも最古参で「生き字引」のような存在だった。この方のもとにはベテラン工員がたびたび訪れ、「これどこにあったっけ?」「これどうしたらいい?」などといろいろ相談をしていた。パットさん自身はもう高齢であることもあって工場の現場には立たず、僕たち若い研究員がいる実験室で器具の保守を担当されていた。

ただこの方も他のベテラン工員と同様、気難しい性格だった。若い研究者の相談にもおざなりにしか対応せず、反応液から有機溶媒を減圧下で蒸留除去する「エバポレーター」という小型器具を僕が粉だらけにしてしまったときは一瞥し「フン」と鼻で笑われてしまった。感じの悪さでいえば漫画家・長谷川町子さんの名キャラクター「いじわるばあさん」に匹敵するレベルだと思う。若い研究者たちがコソコソ悪口を言うところもよく見かけた。

でも、僕は岡崎やラホヤでの経験を通してこういう世代の方との付き合いには慣れている。邪険にされても意に介さず、何度も足を運び、覚えている限りの謙譲表現を駆使して敬意を表して接することを心掛けた。月日が経つにつれ、仏頂面だったパットさんの表情が少しずつ緩んでくるのを僕は見逃さなかった。

ところがパットさんはこの時、大きな問題を抱えていた。研究所の一画にあった大量合成用の実験室とそこに備え付けられた器具を今後どうするかが決まっていなかったのである。

この実験室は、ヒトの臨床試験以外の用途で使われる（つまりGMPのルールに基づく細かな記録作成が必要ない）大量の原薬を速やかに製造できるようにという目的でセットされ、パットさんが管理を任されていた。しかし巨大な金属ジャケットに覆われた二十リットルの反応釜や人間の背丈をはるかに超える蒸留塔つきのエバポレーターは、小さなガラス器具だけ使っている研究者の皆さんには「触るのも怖い」という印象しか与えず、誰にも使ってもらえないまま埃をかぶる状態が続いていた。しかも実験室全体が使用されていないのをいいことに不要な化学薬品や器具を放置する不届き者が後を絶たず、定年退職の日が迫る中、パットさんはこの実験室を誰の手にも任せることができず、悩んでおられたのである。

サンドイッチ研究所に入って二年目に入ろうとしていた僕は偶然このパットさんの悩みを知ることとなり、少し考えた末、上司に許可を取った上で「僕がこの部屋の責任者をやります」と伝えた。この時、パットさんは今まで誰も見たことがないような笑顔で喜んでくれた。若造どころかイギリス人ですらない、少し前に外国から来たばかりのアジア人に委ねることを不安がるだろうか……と思ったがそれは杞憂だった。

それから三ヵ月後の定年退職までパットさんは僕との時間を最優先し、これまでの知識を全て僕に授けてくれた。僕のそれまでの会社員生活の中で、間違いなく最も学びが多い、かつ幸せな三ヵ月だった。

大量合成実験室の全景

「大量合成実験室」の復活

二〇〇七年五月、これまで埃をかぶっていた「大量合成実験室（Large Scale Lab）」は新しいスタートを切った。僕はこの実験室を通して、長年課題と考えていた「若手プロセス化学研究者の育成」に本格的に取り組んだのである。

具体的には、ともすれば最新論文の精読やフラスコレベルでの反応の実施といった大学・大学院での習慣をそのまま引きずりがちな若手研究者に対し、実生産により近いセッティングの機械を直に触らせ、実際に作業させることによって、フラスコとは様相が全く異なるプロセス化学ならではの課題を学び、達成感を味わってもらうということだ。

実験室には「ウォークイン・ドラフト」と呼ばれる巨大な陰圧式実験スペースがいくつかあり、この中に二十リットルの反応釜が三台と巨大なエバポレーターが二台収納されている。僕は日中ほぼずっとこの実験室に詰め、機器の利用を希望する人に対して溶媒のみを使った簡単な洗浄プロセスをまず体験してもらった上で実際の反応を仕込み、単離操作まで全て自分の手で実施してもらうようにした。計器がたくさんついた反応釜に最初はひるんでしまう彼らも、使ってみればそれほど難しいものではなく、大きなフラスコを使うよりもより安心・安全であることをすぐ理解してもらえるのだ。

もう一つ、僕が心掛けたのが「失敗をさせる」ということだ。反応そのものはほとんどの場合失敗しないが、不測の事態は大小いくらでも起こりうる。僕はこの世界に入って十年くらいなので、彼らが実験ノートに記載している反応プロセスを読めば大スケールで何が起こり得るかだいたい見当がつくことも多いが、致命的な失敗になりそうな場合を除いてあまり口出ししないようにした。そして実際の作業を彼らの背後から見守り、困ったときにいつでも僕に声をかけてもらえるようにした。このため彼らも安心して作業ができ、しかも一つの反応工程のスケールアップを通して多くのことを学べる、という仕掛けだ。

また、いろいろアドバイスを求めてくる人には僕の知恵や経験を出し惜しみせず披露した。例えばポリ袋に入った一キロ以上の原料をどうやったら飛び散らさずに反応釜に投入できるか……なんていうのは職人芸の世界に聞こえるが、投入口にぴったり嵌《はま》る安価なプラスチック製容器を購入し、その容器ごと原料を計量した上で投入口に持っていけば誰でもこぼさず入れることができる。こういった「小ネタ」に近い工夫は枚挙にいとまがない。そしてそのほとんどは僕が岡崎やラホヤ、サンドイッチでの仕事を通してベテランの研究者や工員・エンジニアの皆さんから学んだことである。

評判はあっという間に広がり、「大量合成実験室」はそれから数年間、フル稼働の状態になった。使ってくれたのはプロセス化学をやっている人たちばかりではない。基礎研究の段階にもかかわらず急に大量合成が必要になった探索化学専門の研究者からも「使わせてもらえないか」というお願いが入るようになったのだ。また、サンドイッチ研究所を訪れる大学関係者などに対して施設見学会が企画される折、見学ルートの中にこの実験室を加えていただけるようにまでなった。実験室の案内は僕自身が行い、巨大エバポレーターのための二十リットルサイズの巨大な丸底フラスコ（重量四キログラム）を見学者に持たせてあげるなどちょっとしたサービスも提供し、好評だった。

でも僕が個人的にもっとも嬉しかったのは、この実験室を運営することを通して岡崎、ラホ

20リットルサイズの反応釜

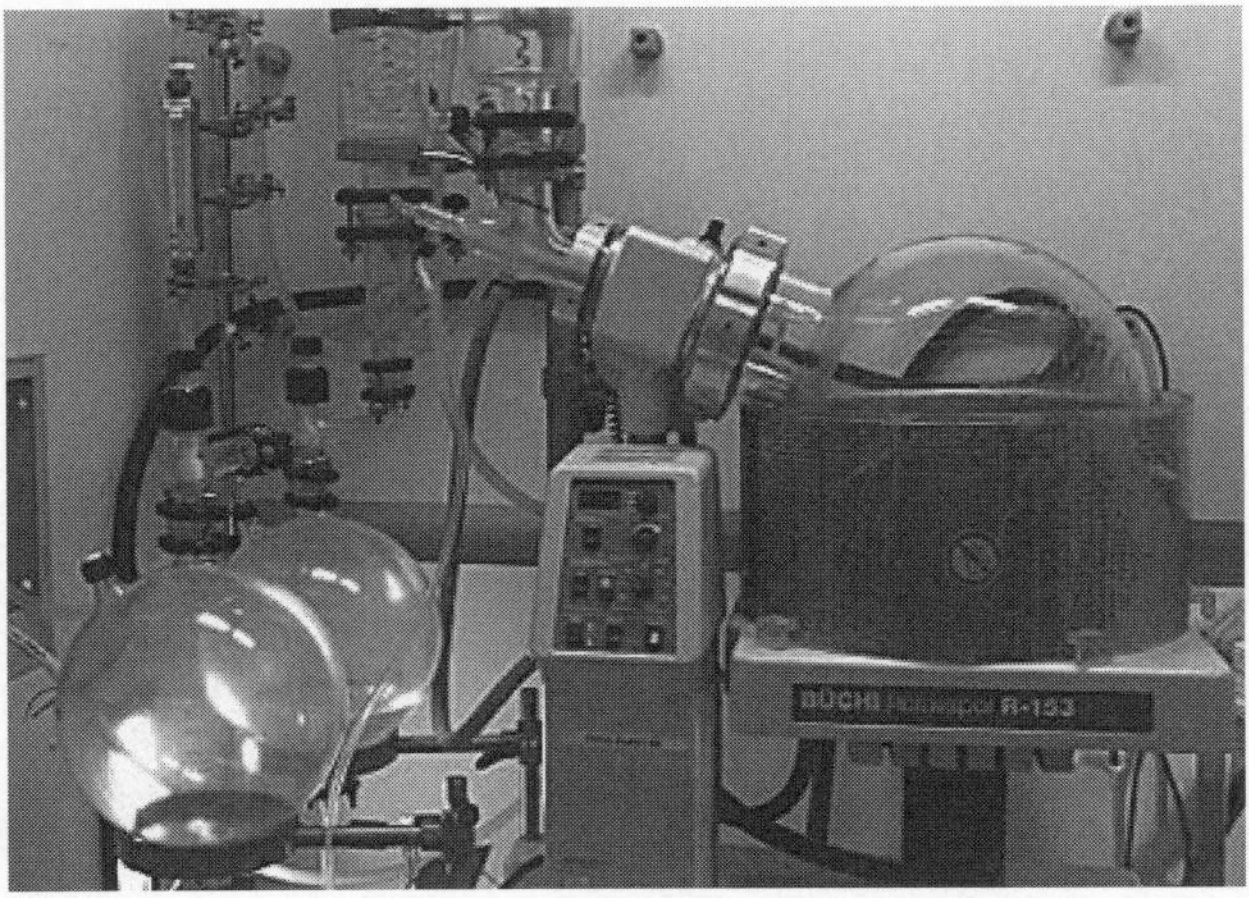

20リットルサイズの丸底フラスコを装着した有機溶媒濃縮用エバポレーター

ヤ、サンドイッチでご指導いただいた皆さんの経験や知識を若い世代にバトンタッチすることができたことである。

この大量合成実験室が軌道に乗ったころ、退職後にたまたま用事があって研究所を訪れたパットさんにばったり会ったので実験室にお連れし、多くの研究者が嬉々として反応釜を使っているところをお見せすることができた。賑やかになった実験室を目を細めて眺めるパットさんを見て、ささやかながら恩返しをすることができたかなと感じて嬉しかった。

日本人研究者の転籍

この「大量合成実験室の立ち上げ」プロジェクトとほぼ時を同じくして、日本の会社の研究所から二十人以上の研究員がサンドイッチに転籍してきた。

きっかけは、ファイザーが愛知県知多郡武豊町に持っていた基礎研究所が二〇〇七年に閉鎖されることになったことである。僕はこの知らせを聞いて驚き、たまたま予定していた日本への一時帰国のタイミングでこの研究所に赴き、サンドイッチを含めた海外の研究所の紹介をした上で「研究員のポジションに空きがあったら是非手を挙げてください」とお願いしたのである。

一生懸命プレゼンしたものの内心では「まあ日本の皆さんにとってはアメリカの研究所の方が魅力的だろうし、イギリスにはあまり来ないかな……」などと考えていたのだが、ある日サンドイッチの人事担当者から「二十人以上来るよ」と耳打ちされてびっくり仰天。これまでほんの数人しか日本人のいなかったイギリスの片田舎に突如大挙して日本人が移住してくることになったのである。

これを受けてサンドイッチ研究所では日本人受け入れのための特別チームが編成されて僕もメンバーに加わった。このチームは日本から引っ越してくる皆さんの生活面での支援だけでなく、文化的なバックグラウンドの異なる日本人研究者を引き受けることになるイギリス人上司の皆さんに対して教育プログラムの用意などもし、関係する皆さんの疑問や不安を少しでも除くように心がけた。研究員の中には小さい子供を含めた家族の皆さんも一緒に引っ越してくる場合もあるということで、僕の家族にも手伝いに入ってもらった。見学のために突然地元の小学校を訪れた日本人家族のために、その学校に在籍していた当時小学三年生の長女が急遽学校の中の案内を買って出てくれたと聞いた時は彼女を誇りに思ったものだ。

こうして、日本人の皆さんの転籍・移住は滞りなく完了した。僕は毎月会社で「日本人ランチ会」を開いて皆さんの情報交換の場を提供した。化学だけでなくいろいろなバックグラウンドや知識を持った日本人研究者の皆さんとの公私にわたる交流は僕の大きな糧になった。

会社の外では、週末に日本人の子供たちが通う「日本語補習校」の運営にも力を注いだ。この学校はサンドイッチ周辺を含むケント州南東部在住の日本人のお母さんたちが立ち上げたばかりのもので、お母さんが先生役になって日本の国語や算数の教科書を使った授業を行うアットホームな形で運営されていた。

僕はある時、この学校の世話役のお母さんから「文部科学省と外務省からこの学校を正式に『補習校』として認定してもらいたい」という相談を受けて実行することにした。在ロンドン日本大使館の担当者まで巻き込まなければならず大変な苦労をすることになったが、これによってこの学校に通う生徒たちは文科省の認定教科書を送料などの負担がかかることなく手に入れることができるようになり、かつ、学校の運営にまつわる様々な経費の補助をいただけるようになったのである。後には僕自身も教壇に立ち、子供たちに国語や算数・数学を教えた。今や日本人は大都市だけでなく世界各地に散らばって生活している。そこで生活する子供たちがせめて週末だけでも日本の言葉と教育に触れることができるよう、この制度が継続されることを願っている。

ラホヤでの仕事との「再会」

サンドイッチ時代の僕の「びっくり」は日本人の大量転籍だけにとどまらない。ラホヤ研究所時代に直接担当していたプロジェクトが二〇〇七年暮れにサンドイッチ研究所に移管されてきたのだ。

先にも書いたが、このプロジェクトは僕の手を離れてからまずミシガンの研究所に移管された。ところがこの研究所がその僅か一年後に閉鎖されるという憂き目に遭い、今度はコネチカット州の研究所に移管された。さらに残念なことにこの研究所は他のプロジェクトで手一杯となり余裕がなくなってしまったため、僅かの期間でサンドイッチ研究所の方に移すことが決まったのである。

サンドイッチの同僚の一人から「お前の昔のプロジェクトを担当することになったよ」と声をかけてもらった僕は喜び、当時僕が作ったり集めたりした資料をすべて彼にあげることにした。さらにアメリカの研究所から送られてきた化合物サンプル箱からは僕がラホヤで梱包したボトルがタイムカプセルよろしくそのまま出てきて、文字通りの「涙の再会」を果たすことになった。

ただ僕はこのとき既に大量合成実験室のマネジメントで手一杯であり、特定のプロジェクトを直接担当することはやめることにしていた。このため再度このプロジェクトを担当することを願い出ることはせず、技術移管の手伝いをする一方で、僕の同僚の研究者たちの詳細な検討を経てスケールアップを実施する際に僕の実験室を使ってもらうことにした。手塩にかけて育てた子供が大きくなって戻ってきたような喜びだった。

このプロジェクトはそれから間もなく臨床試験において目覚ましい成果をたたき出し、優先順位が飛躍的に上がって研究者が大幅に増員された。僕の実験室で大車輪の努力をした同僚たちのおかげで実生産にむけての研究は非常に速やかに進み、二〇一一年にアメリカで新薬として承認されて世に出ることとなった。

日本に本帰国する

同じ二〇一一年、僕のイギリスでの研究生活に終止符が打たれた。会社で更なる組織変更がアナウンスされる中で、僕は家族とも相談し、日本に戻ることにしたのである。岡崎を出たころは幼かった長女もこの時は既に中学生の一歩手前。次女も小学校中学年にさしかかっていた。イギリスでの生活は楽しく充実したものだったが、日本で年老いていく僕ら夫婦の両親のことなどいろいろ考え、このタイミングで本帰国をした方がよいと考えたのである。それは同時に、僕の研究所における化学者としての生活との別れを意味した。
　中学生の時に化学部に入ってから一刻たりとも実験室から離れたことがなかった僕はさすがに気落ちしそうになったが、次の仕事もきっと面白いに違いないと確信していた。僕の次の仕事とは、ファイザーの東京本社において開発プログラムのプロジェクト・マネージャーをすることだった。

　あれから八年以上の年月が経った。今の僕は会社で日本とアメリカを結ぶウェブ会議のファシリテーター（進行役）を仰せつかることがよくある。この際、僕はわざと少しイギリス英語風に発音し、サンドイッチで覚えた謙譲表現を少し織り交ぜて日本・アメリカ双方の意見を平等に引き出すようにしている。「クイーンズ・イングリッシュ」という呼び名が象徴するように、ちょっと高尚に聞こえるイギリス英語に対して潜在的なコンプレックスを持つアメリカ人にこのやり方は効果てきめん、普段の彼らの直截的（そして時に高圧的）な物言いがずいぶん軽減されるのだ。おかげで日本の皆さんも発言しやすくなり、合意形成もスムースに進んで双方から喜んでいただくことが多い。あの時思い切ってイギリスに移住してよかった……と心から思える瞬間である。

研究への想い、化学への想い

僕がかつて所属していた研究所や研究部門の中には、今はもう存在していないところがある。僕の最初の就職先であり、企業の研究者としてだけでなく社会人一年生としても多くのことを学ばせてもらった万有製薬岡崎事業所は、親会社の方針によって閉鎖がアナウンスされた後、当時最新鋭だった生産設備もろとも全て解体・整地され、現在は閑静な住宅街になっている。僕がラホヤ時代に所属していた部門は今はなく、当時の僕の仕事場を含むビルは売却されてしまった。

僕に限らず、仕事をなくしたり変えたりした企業研究者は他業種・国内外を問わずたくさんいる。理由は組織改編だったり優先順位の低下だったりといろいろだが、同じ場所で何十年という単位で研究活動するというのが難しくなっていることは確かだ。最新の科学的知見をもとに営利目的で実行する民間研究開発業務の宿命といえる。

“employable”な研究者になる

ではこういう時代に研究者はどういう心構えを持っていればよいのだろうか。僕なりの考えを端的に示すと「常にアンテナを高く立て、果敢に新しい分野を学び、取り組む」ということになる。

僕のサンドイッチ時代の上司の言葉を引用しよう。

“It is not important that you are employed. It is more important that you are employable.”

少し言葉を補った形で日本語にすると「君が今現在雇われていることが大事なのではない。君が誰かから雇ってもらえるような人であり続けることの方が大事なんだ」という意味である。

研究者というのは自分の専門分野を徹底的に掘り下げ追求してしまうあまり、往々にして他の分野に手を出したり勉強したりすることをためらったり面倒くさく思ってしまう傾向にあると思う。でも、この考えは大学にいようが企業にいようが絶対にやめるべきだ。

そもそも研究とは新しいことに手を出すことで結果が出るものである。一つのことを追求していたとしても、壁にぶつかった時に「迂回路」や「方向転換」を検討することもいとわない柔軟さだって必要だ。そういう時にどうしても必要となるのが異なる分野の知識だったり経験だったりする。そしてその知識や経験は、世の中が大きく変化したときに大きな威力を発揮する。

僕は研究所こそ離れてしまったが、今でも自分の業務に関係することや専門分野だけでなく、いろいろな分野のことを勉強する姿勢を持つことを心がけている。そうすることによって自分がより〝employable〟になることもあるが、やはり新しいことを学ぶ楽しさを肌で感じていたいと願っている。

優先順位の低いプロジェクトに取り組む

僕が「常に新しい分野を学ぶ」という観点でもう一つ心がけているのが「敢えて優先順位の低いプロジェクトに取り組む」ということである。

会社の研究というのは自分から見つけてくるものではなく、上から「こんなプロジェクトがあるんだが……」という形で始まることが多いというのは先に書いた。ただ、上から研究者に対して複数の研究テーマ（プロジェクト）が提示され、「どれをやりたい？」と選択の自由を与えてくれる会社はあるかもしれない。僕もこれまでに何度か、そういう機会を与えていただいたことがある。

そういう時に対する研究者の反応はいろいろかと思うが、研究者とて人の子、できることなら優先順位の高いテーマを希望し、取り組んで注目を集め、成功したいと願うことだろう。至極まっとうな考え方だし、間違っていないと思う。しかし僕自身にそういうお話が来た時には、なるべく「他の人が希望しない（やりたがらない）」ようなテーマを選ばせてもらうことにしている。

昔から天邪鬼《あまのじゃく》だった僕は「流行りもの」には見向きもせず、あえて優先順位が低かったり主流でないテーマを選ぶようにしていた。理由は簡単、注目されていない分、誰かからの横槍を気にせず自分の思い通りに動かすことができるからである。

優先順位が低いプロジェクトは（優秀な研究者が集まらないせいか）失敗する可能性が高い傾向にあり、事実として僕が担当したプロジェクトも多くが未完に終わっている。しかし何足もの草鞋を履く状態で進めるためたくさんの経験をさせてもらえる。しかも（かなり不届きな理由だ

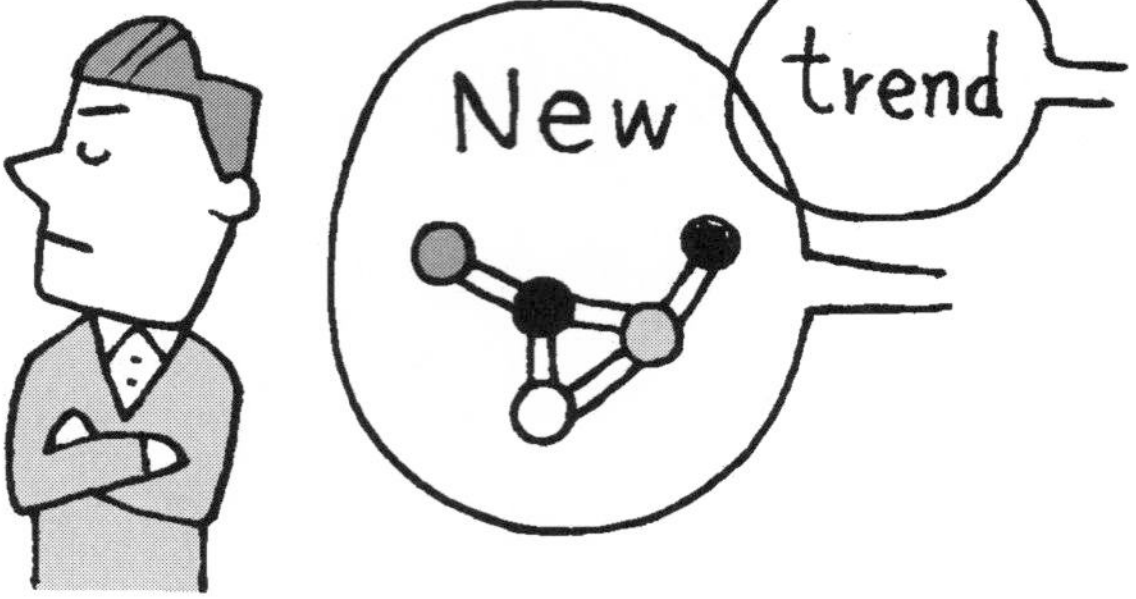

「流行り物には手を出さない」が僕のポリシー。残り物には福がある

が）万が一成功しようものなら成果の大部分を独り占めできるという余禄もあるのだ。

僕が岡崎時代に取り組んだプログラムは親会社がやっていない領域で「亜流もの」の扱いだったが、最終的に他社への導出（必要な知的財産の使用の許可）に成功して会社の業績に貢献したし、ラホヤ研究所でプロジェクトリーダーを任されたプログラムは最初こそ「名ばかりリーダー」として何でも一人でやらなければならない優先順位が最低レベルのものだったが、この時に僕が作った臨床試験用の原薬は臨床試験に参加した患者さんに実際に服用していただきその命を救うこととなった。「有機合成化学者冥利に尽きる」とはこのことである。そして僅か五年後には製品として上市されるという大化けを果たし、僕はこのプロジェクトのことをあちこちの場で発表・講演できる栄誉を得た。ただしその成果はもちろん僕だけのものではないので、講演の最後にはこのプロジェクトに関わった多くの方々の名前を全員列記し、皆さんの貢献をしっかり明示して感謝の意を示すことにしている。

「ダイバーシティ」を体験・体現する

僕は今のところ自分が〝employable〟であることに感謝しているが、その土台となった経験として真っ先に挙げたいのが「ダイバーシティ」だ。これを説明するためにまず、自分の恩師の話をしたいと思う。

僕のアメリカ留学時代の恩師、ラリー・E・オーヴァーマン先生は今から思うに大変な先見の明を持った方だった。目をつける研究テーマだけではない。僕を含めた若い研究者の卵たちが研究や勉学以外で何を磨くべきかをしっかり判断し、僕たちにそれを提案・要求してきたのである。

まず、僕を含めた全員に強く要求したことは「国語力」。たとえ素晴らしいアイディアや技術をもっていても、きちんとした文章が書けない研究者は独り立ちできないということを先生は強く意識されていた。だから毎年九月に先生の研究室への配属を希望する大学院新一年生の選考にあたっては、アメリカ大学院入試の共通テスト「ＧＲＥ」の中で国語のスコアが高い学生を中心に選別した。僕は留学生だったので最初の一～二年こそ多少大目に見てもらったが、留学五年目の博士論文執筆に際してはいかなる文法上の些細な誤りや論理の飛躍も許さず、僕の最初の原稿には先生の赤ペンが盛大に入ることになった。僕が先の章で「国語力の重要性」を訴えたのは、この時のオーヴァーマン先生のご指導が最終的に実を結んだからに他ならない。

一方、先生が特に自国アメリカの大学院生に対して「ぜひ真剣に考えて欲しい」と繰り返し提案していたのが、イギリスへの博士研究員（ポスドク）としての留学だった。

サイエンスの多くの分野と同様、化学の世界でも大学院で博士号を取得した後、博士研究員として一～二年ほど他の大学・研究所の研究員となるケースが多い。例えばオーヴァーマン先生のところで博士号を取った学生がハーバード大学などアメリカの他の有名大学で博士研究員として研究を続けるということは普通である。また、イギリスや日本など他の国で学位を修めた多くの学生がオーヴァーマン先生のところで博士研究員をするというケースもたくさんあった。

しかしアメリカ人がアメリカ外の大学・研究所に行くというケースが極めて少なかったのであ

る。ドイツやフランスなど非英語圏への留学であれば語学がハードルになるという理由が成り立つが、イギリスやカナダなど英語圏であれば問題ない筈……なのだが希望者がほとんどいないのだ。

この時オーヴァーマン先生が繰り返しアメリカ人学生に主張していたのは「他の国で研鑽を積むことが研究者としての器をより大きくする」ということだった。しかしこの立派な恩師の説得力のある言葉をもってしても、誰もイギリス行きを希望しなかったのである。後で仲のいいアメリカ人にこっそり理由を聞くと「そりゃあお前、海外に行っちゃったら就職活動に障るからだよ」という返事。つまりポスドクの任期終了間際に海外にいたりしたらアメリカの会社に就職したいのに、リクルーターにすら会えなくなるからだというのだ。僕は「う～ん、アメリカ人って大胆不敵かと思ったら案外保守的なんだな」と考え込んでしまったものである。

この時、まさか僕自身が数年後にイギリスに移住して仕事をすることになるとは想像だにしていなかった。そしてその経験を終えた今、オーヴァーマン先生は正しかったとはっきり言える。

アメリカ人やアメリカに留学した経験のある非英語圏の人たちは、アメリカという国の大きさと科学力・経済力の高さに圧倒されるがあまり、ともすれば「アメリカで経験を積めば世界のどこの人たちとも渡り合える」と考えがちだ。かく言う僕自身もアメリカで勉強したり仕事をしたりしていたことで無意識に「天狗」になってしまっていたところがある。ところが先に見てきたように、アメリカ流のオープンかつ直截的なコミュニケーションスタイルが他の国でも通用するとは限らないのだ。特に行間を読んだり謙譲表現を差し込むことで相手に対して敬意を表することに慣れているイギリス人に対してはアメリカのディスカッションスタイルは逆効果であり、議論が進まずよい成果は得られない。だから、優秀なアメリカ人にこそ、イギリスを含めた他の国でさらに研鑽を積むことが大事になってくるのだと思う。もちろんアメリカのことしか知らない日本人の皆さんにもぜひ、イギリスを含めた他の国への挑戦を考えて欲しいと思う。

イギリス映画をディクテーションしてイギリス英語をマスターしよう

少し話が脱線するが、英語圏ながらアメリカとあらゆるところで異なる国・イギリスを理解するためにぜひ活用したいのが「イギリス映画のディクテーション」だ。ただ「日本でよく知られているイギリス映画」というと『００７』に代表されるスパイ物や『ノッティングヒルの恋人』『ブリジット・ジョーンズの日記』のようなラブコメくらいかもしれない。これらのジャンルで勉強するのも悪くはないのだがどちらのジャンルもお話の設定が庶民の生活とはかけ離れていて、ディクテーションの教材としてはあまり適切でないかもしれない。

そこで僕がイギリス人と渡り合う教材として強力に推す作品をここに二つ紹介したい。一つ目が『ホット・ファズ——俺たちスーパーポリスメン！』、もう一つは『カレンダー・ガールズ』である。

前者はアメリカのアクション映画をこよなく愛するキャスト、スタッフたちが作り上げたイギリス版「バディ・ムービー」だ。アメリカのバディ・ムービーといえば二人の異なる個性を持った男たち（だいたいが警察官もしくは刑事）が反発しあいながらも最終的には事件の真相に迫り、銃撃戦やカーチェイスなど派手なアクションを経て犯人を逮捕するという筋書きで進むドラマであり、『ホット・ファズ』もその流れを百パーセント踏襲している。しかしこの映画は主人公のキャラクター造形、黒幕の設定、最後のアクションいずれをとってもアメリカ映画ではあり得ない黒い笑いに満ちた内容となっており、イギリスでの公開時に大ヒットを記録した。国が違えば笑いのツボも異なるといわれているが、この作品はその最たるものであり、（日本でもよく知られている）モンティ・パイソンによる一連のコントに始まるイギリス流のブラック・ユーモアの系譜に連なる傑作だと思う。

アクションやブラックコメディが苦手な方に勧めたいのが『カレンダー・ガールズ』だ。こちらはイギリスの片田舎に住むオバサマたちが近所の病院のソファーの座り心地の悪さに不満を持ち、寄付金を募って新しいものに買い替えるべく文字通り一肌脱ぐという心温まる実話を映画にしたものだが、サンドイッチを含めたイギリスの地方都市ならどこにでも必ずいそうな個性溢れるご婦人たちが次々登場。夫や息子などの男衆をタジタジにさせるバイタリティーが痛快。特に女性の皆さんにお勧めしたい作品である。

どちらを選んでいただいても結構。大切なことは一つの作品を十回以上鑑賞し、台詞を一語残らず頭に叩き込むことである。

女性研究者の活躍に期待

話をそろそろ「ダイバーシティ」の方に戻そう。

日本でも近年「ダイバーシティ」という言葉をよく聞くようになったが、国や民族・嗜好の異なる多様な人たちが集まって何かを成し遂げることが求められる時代である。そもそも多様な人たちが集まったチームこそが、非常にユニークかつ画期的な成果を挙げることができるものだと思う。それは研究開発の世界でも同じだ。僕がかつて留学し、働いたアメリカはそういうチームがたくさんできる国だったし、イギリスにもヨーロッパ各地から研究者が集まっていた。日本もそうなって欲しいと思っている。

これについて、日本でよく問題視されているのが「女性の研究者が少ない」ということなのはご承知の通り。そして僕が今、特に気にしているのは、日本では化学の世界で活躍する女性がとても少ないことだ。

僕がアメリカで担当したプロジェクトを基礎研究側から支えていた有機合成化学者は女性ばかりだった。彼女たちが創製した化合物は結果として希少癌の適応をとって世に出ることとなり、アメリカ化学会から「ヒーローズ・オブ・ケミストリー」賞をもらっている。このプロジェクトがイギリスに移管された後、プロジェクトリーダーを務めたのもイギリス人の女性だった。日本でも将来、もっと多くの女性が科学（特に化学）の世界で活躍してくれればと願っている。

「内向き志向」とその現実

女性研究者の活躍以外に僕が気にしているのが若い世代の「内向き志向」だ。

海外への留学を志す学生が減っているという話を方々で耳にするようになった。そのことが端的に表れているのは海外留学者数であり、文科省高等教育局学生・留学生課の調査によると日本人の海外留学者数は二〇〇四年の八・三万人をピークに減り始め、僅か七年後の二〇一一年にはなんと三十一％減の五・七五万人になってしまったというのだ。これに呼応するかたちで官民共同の「トビタテ！留学ＪＡＰＡＮ」など様々な活動が立ち上がり、何とか若い世代に海外への興味を持って欲しいという試みが行われていることを耳にした方は多いと思う。

もちろん、日本は少子化が急速に進んでいるので留学生の数だけ見ればある程度減るのはやむを得ないだろう。また、僕が若いころ「留学する」といえばほとんど大学生や社会人ばかりだったが、今や中学・高校生はもちろん、ＹＭＣＡなどが主催する小学生向け短期留学キャンプなどを通して低年齢化・多様化しており、行く先も米欧だけでなく中国や東南アジアなども人気だ。だから僕は日本人が留学そのものに興味をなくしているとはあまり考えていない。

僕がより心配しているのは、留学先としてのアメリカ・ヨーロッパ諸国の魅力の低下だ。

特にアメリカの「留学先」としての魅力の著しい低下は個人的にはとても残念に思う。先の文科省の統計によれば、二〇一一年時点で日本人でアメリカに留学している人の数は二〇〇四年の時から何と半分以下になり、二万人を割り込んでしまったのだ（二〇一七年時点でもほぼ同じ数字）。

僕が若い時、アメリカは多くの日本人にとって留学する場所として一番人気だっただけでなく、「憧れの地」でもあった。学生だけではなく、多くの会社員が「海外駐在先」としてアメリカを希望し、それを実現した人たちは帰国後の幹部昇進が保証されていた。しかも駐在員の中にはそんな好条件下での駐在にもかかわらず日本企業の中にある様々な制約を嫌ってアメリカ永住を希望する人が後を絶たず、米国永住ビザの発行要件の度重なる変更に一喜一憂する人がたくさんいたことを今でも思い出す。アメリカで生涯の伴侶を見つける日本人も多かった。理系分野に限ってみてもアメリカは一番人気の渡航先であり、研究環境の自由闊達さに憧れてそのまま居ついてしまう人もおり、そういう人たちは同世代の研究者から羨望の目で見られていたと記憶している。

しかし今のアメリカに憧れが持てるだろうか。答えは人それぞれかと思うが、アメリカに憧れる日本人の割合が減っていることは間違いない。僕自身、「今のアメリカに住んでなくてよかった」と思ってしまうことが多いし、海外への留学・就職について誰かから相談を受ける際は「アメリカにこだわらずいろいろな国に興味を持って欲しい」とアドバイスすることにしている。

この本を読んでくださっている皆さんは、米欧に限らず海外で学んだり働いたりする可能性を捨てないで欲しいと思う。海外に住むというのはリスクも伴うが、新たな扉を開けるまたとないチャンスでもあるのだから。

化学を志す若者が減っている

もう一つ、僕が気にしているのは「化学を志す若者が減っている」ということだ。

僕の同じ世代の化学者で大学に残っている人たちの多くが准教授や教授として学生を募り、指導する立場にいるのだが、彼らは口をそろえて「高校時代・大学学部時代いずれのステージにおいても化学専攻を希望する学生が少ない」と嘆いている。

理由についてはいろいろ言われているが、大体以下の三つに大別される。

①高校の化学の授業が魅力に乏しい。
②化学の世界が「ブラック」と思われている。
③学位取得後のキャリアが想像できない。

①の背景ははっきりしている。高校の先生の授業の進め方がまずいのではなく、「化学」の学

習指導要領の内容が長らくほとんど変わっていないことが問題なのだ。

僕自身、かつて大学入試に向けての勉強では「化学」の成績が上がらず苦しめられたが、あれから三十年近くたって自分の子供が学ぶ高校化学の教科書を見たところ、僕の学生時代と教える内容がほとんど変わっていないことに驚愕とともに怒りを覚えた。化学に限らずサイエンスの世界は日進月歩であり、常に新しい知見やホットトピックが出てくるところなのに、なぜ教える内容を見直そうとしないのか。例えば有機化学分野で最初に登場する「元素分析」など、今の研究者が自分でやることはほぼないし、他にもっと正確かつ信頼性の高い分析方法が山ほどある。しかるにこれが現在も「計算問題」として試験に出てくるのは嘆かわしい限りだ。もし「基礎は大切だから」という理由で出題したいのであれば、電卓を持ち込ませた上で取り組ませるべきだと僕は思う。でないと化学が好きなのに計算が不得意な高校生がどんどん振り落とされてしまう。

内容に魅力がなければ学生は興味を失うだけでなく、「アレルギー」になってしまうことは想像に難くない。実際、僕は近年自分の仕事を大学生や大学院生に講演する機会を何度かいただいているが、有機合成化学の成果をプレゼンする際に欠かせない化学構造式（いわゆる「亀の甲」）が登場した途端に学生の皆さんが「これは難しい内容だ」と拒絶反応を起こして聞く気をなくしてしまう、という状況に遭遇して頭を抱えてしまった。そこで僕は構造式の書き方や大きさを工夫してスライドを動かした時に前との違いが一目瞭然となるように工夫したり、途中で裏話やお笑いネタを挟んで聞き手が退屈しないようにすることによって参加者の皆さんの満足度を少しずつ上げることができた。しかし高校で教える化学の内容が魅力的であれば、そもそもこんな工夫はしなくていい筈なのだ。関係者は猛省の上、すぐにでも学習指導要領の見直しにとりかかってもらいたいと思う。

②も深刻な問題である。大学の化学系研究室は「平日は夜遅くまで拘束され、土日も顔を出さなければいけないところが多い」とされ、不人気の要因となっているとのこと。僕が学生だった三十年近く前と状況が全く変わっていないのがいただけない。「長時間頑張りさえすれば必ず成果が出る」というデータがあるわけでもないのに夜遅くまで学生に実験させるのは愚の骨頂であるだけでなく、疲労のたまっている状態での実験は危険だということを指導教官は認識すべきだ。

そもそもアメリカやイギリスでは学生をそんなに働かせなくてもきちんと成果を出している。日本の会社もそうだが、大学でも残業時間の長い人を称賛する時代は終わったと肝に銘じ、学生の皆さんが伸び伸びと研究に励むことができるようになって欲しいと願う。

③はまず学生の皆さんが考え、実行できることだ。化学に限らず、特にBusiness to Business（B to B）の業態が多い分野は会社の名前が一般に知られていないことが多く、就職や収入と結びつけることが難しいかもしれない。しかしこういう分野にある会社の多くは流行りに左右されない「基幹産業」として長い歴史を持ち、毎年一定数以上の雇用を確保している。学会誌などを丁寧に読めば必ず目にすることになるので、ぜひ興味を持って調べて欲しいと思う。そして化学業界の皆さんも、魅力的な商品やサービスに結び付くような研究開発活動を今後も怠りなく続けつつ、次世代の若い人たちに伝える道を模索していただきたいと願っている。

ちなみに今から二十年ほど前、化学の分野では製薬会社を中心に化学メーカー以外の多くの雇用が生まれ、全世界的に「流行り」だった時代があった。それから僅か数年の間に状況が急激に変わり、企業に勤める多くの化学者がリストラされ、化学専攻の学生が容易に就職できない状況になった。危機感をもったアメリカ化学会では会長の依頼に基づいて学識者による対策会議を実施し、その成果を「Advancing Graduate Education in the Chemical Sciences」（二〇一二年十二月三日付）という提言にまとめた。大学での研究の質の確保と学位取得後の雇用のバランスを考えることの大切さを説いたこの提言が真剣に検討されたのだろう、アメリカの化学研究者の雇用に関連する問題は現在までにほぼ改善されている。僕がこの本を書いている現在「流行り」の人工知能や再生医療の分野だっていつか頭打ちになったり下降線となる時が来る。化学の分野がこれまで辿った道は教訓として今後も参考になると思う。

企業研究者としての僕の「掟」

この章の最後に、僕が研究所でプロセス化学の研究に携わっていたころ、諸先輩方のご指導をいただく中でつくっていった企業研究者としての「掟」を披露したい。

①自分の実験内容に対して常に謙虚かつ批判的であること。
②同僚の腕を見習い、まねる努力をすること。
③ベテランに教えを乞うこと。
④大量合成の際は反応釜を徹底的に観察し、僅かな変化も見逃さないこと。

以上の四つが僕の研究所時代の「掟」である。

④はプロセス化学ならではのルールなのでここでは詳しく説明しないが、①から③は他の企業内研究者にも当てはまるのかなと思う。特に③は大学ではあまり意識されない、会社の研究所ならではのルールかもしれない。

もちろん大学にもベテラン＝目上の教授はいるが、「知のベテラン」として教えを乞うことはあっても実験操作のコツなどの実務を手取り足取り教えていただくということはそれほどないと思う。むしろ、実験の第一線を退いている偉い先生にそんなことを聞いても正しい答えが返ってくるとは限らないだろう。

それに対して会社の研究所においては、何年もの間現場一筋で取り組んできた人たちが大勢いる。そういう人たちにご指導いただくことこそ、企業研究者としての腕を磨くにあたってももっとも大切な過程であると思う。僕も特に最初の勤め先となった岡崎の研究所ではプロセス化学の基本的な技術の大部分をベテラン技術者から教えていただくことになった。

ただ、この③は時間がたつと、自分自身が「ベテラン」として教える側に回ることを意味する。僕がイギリス・サンドイッチ研究所でやったのがまさしくこれである。

大量合成実験室の運営を任されたのは、僕がプロセス化学研究の世界に入って十年もたたないタイミングだった。製造現場で指導する立場となる日がこれほど早く回ってくるとは思わず、最初のうちはずいぶん戸惑ったことを今でもよく覚えている。でも、これまで岡崎やラホヤ、サンドイッチで得た経験を次世代の研究者に伝えなければ、という使命感をもって自分を奮い立たせた。

僕のこの想いがどれくらい伝わったかどうか定かではないのだが、幸いこの実験室は多くの人に使ってもらうことができた。僕が他の年配のベテランのように不愛想な振る舞いをせず、なるべく気軽に楽しく使ってもらうことを心掛けたのがよかったのかもしれない。僕が指導した若い研究者の皆さんの中から将来、あの研究所のみならず世界のサイエンスを背負って立つような逸材が出てくる日を楽しみにしている。

ただ、ここに一言申し添えておきたい。僕は指導者の側に立った後も、若い皆さんから多くのことを学んだのである。彼らが実践する数多くの反応を僕もこの目にしっかり焼き付け、彼らの様々な実験スタイルから盗めるところは盗み、次回の指導に役立てるのだ。指導する側に立っても謙虚さを忘れず、僕自身が改めるべきところは反省して改める。

今は研究所からは離れてしまっているが、これからも会社の日頃の業務において謙虚さは失わないようにしようと思っているところである。

第III部

企業研究者インタビュー

はじめに

この本ではここまで、僕個人の目を通した、僕の考えに基づいた企業研究者のことを取り上げていたが、ここからは僕の考えから離れ、他の研究者がどういう仕事をし、どういう想いで臨んでいるかを「インタビュー」の形で取り上げる。

ご協力いただいたのは製薬会社で働く二人の女性研究者である。僕と同じ業種なのに驚くほど仕事や職責が異なること、そして女性であるが故に経験したチャレンジやそれに基づく研究や仕事に対する想いが生き生きと伝わってくることと思う。科学を志す女性だけでなく、男性やすでに会社員として研究に従事している方、異業種で働く方にもぜひ最後まで読んでいただければと思う。

企業研究者インタビュー
その❶

ファイザー株式会社（米国コネチカット州）主任研究員
木本絵美さん

――木本さんは武庫川女子大学薬学部を卒業後に、北海道大学大学院薬学研究科を経て製薬会社に就職されていますね。この世界に入ることにしたきっかけについてまず教えていただけますか。

薬を飲むのも使うのも抵抗があった私が、薬学部そして製薬会社での研究を選ぶきっかけになったのは、薬は使い方次第で副作用を最小限に抑えられて患者さんにとって有効な治療となる、と知ったことです。「なぜ副作用が起こるのか」……そのメカニズムにとても興味を持ち、薬そのものを作る段階から関わり、より安心して使える薬を世の中に届けたい……という思いが強くなり、製薬会社での研究を選択しました。

——ご専門は「薬物動態」と伺っていますが、少し詳しく教えていただけますか。

皆さん、体調が悪くなり薬を飲む、虫さされに塗り薬を塗る、足を捻挫して湿布薬を貼る、目がかゆくて目薬をさす……などしたら、薬が効いて症状が治まりますよね？　その全ては、薬が体内に入ることで力を発揮しています。薬が体内に入り出ていくまでの過程のことを私たちは「アドメ」と呼んでいます。

——「アドメ」とは何のことでしょう。

Absorption（吸収）、Distribution（分布）、Metabolism（代謝）、Excretion（排泄）の頭文字をとって「アドメ（ＡＤＭＥ）」といいます。このような薬の体内での動きのことを薬物動態と呼んでいて、私はその中でも、トランスポーターの研究をメインに行っています。

——トランスポーター……またわからない言葉だ……（と手元のPCの検索画面に打ち込んで）あかん、ハゲのおっさんしか出てこない……（大爆笑）。

（注：英国出身の俳優ジェイソン・ステイサム主演のアクション映画の画像が出てきました）

薬物を輸送する蛋白質のことをトランスポーターといいます。探索段階の化合物（まだ世に出ていない段階の薬候補の化合物）とトランスポーターの関与を含めた薬物動態、他の薬物や体内物質との相互作用の予測、あるいは患者さんに投与する場合の投与量はどの程度が適切か、といった問題に取り組んでいます。

アメリカで仕事をするようになったきっかけ

——現在のお勤め先はアメリカの研究所ですね。日本からアメリカに移られたきっかけについて教えてください。

きっかけは研究所の閉鎖です。所属していた日本の研究所の閉鎖を機に、米国コネチカット州にあるファイザー株式会社のグローバル研究所に転職し、創薬研究に携わっています。

——日本の他社の研究所ではなく、海外を選ばれたのですね。

昔から私は、いつか海外と関われるような仕事をしたいと思っていました。海外の人と仕事をしたり、自分が海外に拠点をおいたり……ということを夢に描いていたところに海外サイトでの募集を知ったのです。そこでかつて大学時代の担任教授から「海外での仕事を視野に入れるなら、『英語ができるようになってから……』なんて考えているといつまでたっても行けないよ。英語は現地で学ぶと思って、飛び込むのも一つじゃないか」と言われたことを思い出してこれはチャンスだと思い、アメリカのポジションに応募しました。

——よい先生に恵まれたのですね。でもアメリカで仕事するのは初めてだったんですよね？　不安はなかったですか。

不安と期待でいっぱいでした。英語ができたわけではないので、本当に仕事ができるのか、友達はできるのか……と。でも新しい冒険の始まりにワクワクもしていました。新入生や新入社員のような気持ちですね。研究所の閉鎖という危機をチャンスに捉え、どちらかというと前向きな気持ちでした。右も左も英語も文化もわからなかったアメリカで、もがきながら働き始め、気づけば十一年が経ちました。この時の決断に、もちろん後悔はないです。

——もう十一年も海外で働いていらっしゃるのですね。アメリカでの研究環境で「これは素晴らしい！」と思ったことは何ですか？

常に完璧じゃなくていい、と思えること……英語で言うと〝Nobody is perfect〟〝There are no mistakes in life, only lessons〟でしょうか。人間だから失敗もあるよ、失敗から学ぼう、という文化にすごく心が軽くなりました。一方で、日本で仕事をしていると、失敗は許されず、常にパーフェクトであることを求めるという様な、暗黙のプレッシャーを感じます。逆にそのプレッシャーは自分を鼓舞する材料の一つになるとも考えられますが、時に行き過ぎて息苦しく感じます。アメリカにいる人たちは「失敗してもいいんだよ（むしろ当然）、でも次は同じ失敗をしないようにどこを改善しようか」という考えがあるから、失敗を恐れずチャレンジしやすい環境になるのではないでしょうか。

それから、アメリカの研究所には様々な国籍の人が勤務しています。それぞれの文化や宗教・考えがあり、様々な多様性に触れ理解することができます。これは日本で仕事をしていては経験できなかった貴重な価値観で、自分の視野の広がりを感じます。渡米して、日本や自分自身について改めて考え直す機会ができたことも大きな財産の一つ。研究者として、薬を通し患者さんに関わる仕事をしている責任感を胸に、日米両方の長所を吸収した研究者として、これからも成長していきたいです。

アメリカにも本音と建前はある

――今、「日米両方の長所を吸収」とおっしゃいましたが、アメリカでの研究環境で不満に思ったこともあるのですか。

アメリカに限ったことではないですが、喋りがうまいと評価されやすい「言ったもの勝ち」という風潮は、不満の一つでしょうか。それでも、周りがしっかり判断していればおかしな評価にはならないですが。

あと、日本に住んでいる皆さんは「アメリカには建前がない」と思われていませんか？

――そういえば「アメリカ人はオープンで何でも正直に話す」という印象がありますね。

私もそう思っていました。でも、もしかしたらアメリカでも東海岸に限った文化なのかもしれませんが、日本以上にものすごく本音と建前があります（注：ファイザーの研究所があるコネチカット州は東海岸にあるニューヨーク州の北東部に接している）。彼らのポジティブな表現を文字通り受け取って最初の二年を過ごしたのですが、その表現の裏にある本来の意味に気づいたのは、やっと仕事に慣れて言葉も少しわかるようになってからです。人によって言い回しなども変わるので、ノンネイティブの私には非常に難しい心理合戦ですが、逆に面白くもあります。まさにお互いを理解し合うツールの一つとして、英語表現の理解に精進しています。

――今、日本での会社員・研究生活を振り返ってどうですか。

日本での会社員生活は実質二年半ですので、「会社で研究をした」と言えるほどの経験は積めていません。一方、大学院の方は卒業した学校とは別の所に行きましたので、修士課程二年という期限の中で「四年生から同じ大学のラボで結果を出している同級生たちと比較すると自分は一年分のデータの遅れがあるんだ」という気持ちで臨み、朝晩かまわず徹夜もしながら必死に頑張りました。

――そして企業の研究所に入り、渡米して……あ、その後で働きながら母校の博士号も取っているのですね。

はい。

――すごいガッツですね。博士号を取ろうと思ったきっかけを教えてください。

アメリカでキャリアにチャレンジするには必要でした。まず完全なPhD（博士号）社会のアメリカに、PhDを持たず来て、仕事内容や責任もPhDの有無で完全に違うことを痛感しました。逆に言えば、社会的に、PhDを持つということの重みや責任、仕事内容への期待が大きいことを意味します。そして自身のキャリアディベロップメントを考えた時に、海外でチャレンジするにはPhDが必要だと思い、博士号取得を目指しました。

アメリカで上を目指すならPhD取得は必須

――「PhD社会」についてもっと聞いてみたいのですが、そもそもアメリカの研究所で仕事しながら日本の大学院で博士号を取る……というシチュエーションにびっくりです。会社の仕事と博士号取得のための研究や勉強との両立は大変だったかと思いますが、工夫したことなどがあったらぜひ教えてください。

これまた根性論になるのですが、ひたすら気力と体力、行動力でした。工夫したというよりは、常に目標や夢を持ち続け、チャンスを逃さないことをモチベーションにしていました。新たな環境へ一歩踏み出すことは勇気がいりますが、チャンスを逃すことほど後悔することはありません。PhDの取得は、アメリカでのチャレンジに必要な要素の一つと思っていたので、それをサポートしてくれた周りの環境に感謝の気持ちでいっぱいです。

――自分自身のモチベーションに加えて周囲の理解やサポートも大事、ということですね。次に「PhD社会」について聞かせてください。製薬会社において薬物動態の研究員になるためには博士号の取得や博士研究員（ポスドク）の経験があった方がいいのでしょうか。

答えは、イエスとノーの両方でしょうか。シチュエーションや自分のキャリアプランによって変わると思います。

PhDがなくても製薬会社の研究者にはなれます。日本では、修士号が製薬会社の研究職の新卒応募に必須ですよね。アメリカでも同様に、ポジションによっては、学士・修士号（プラス二～三年の経験）が応募条件だったりするので、博士号がなくても応募は可能です。無事面接をクリアしたら、入社してからいろいろと学んでいけばいいと思います。ただ、アメリカでさらに上を目指すならPhDは必須だと思っています。

――それはなぜですか。

理由を説明する前に、アメリカの採用システムと、日本とアメリカのPhDに対する価値観の違いについて少し説明しておきたいです。

日本では皆さんもご承知の通り「新卒採用」という枠があります。この枠では学士・修士・博士のどの学位の保持者でも一括して同じタイミングで新入社員として採用され、入社後に配属先や仕事内容が決まるという流れになります。

これに対してアメリカの製薬会社の研究職の場合はこのような枠はなく、その時にその部署で必要な人材の募集をかけるので、適するバックグラウンドの人を採用します。よって、製薬会社のPhD保持者のエントリーレベルでの応募条件の多くは、ポスドクを数年経験した人を想定したランクになります。会社によっても違いはあると思いますが、ラボのリーダーとしての即戦力を期待します。逆に学士・修士号の学歴を条件としたポジションだと、日本でいう新卒レベルを含めたジュニアなランクになります。そのジュニアポジションの人たちには、PhD保持者のようなサイエンスの知識や高い技術は求めません。ラボでの基本的なテクニックや問題解決能力、コミュニケーション力、成長曲線、パッションなどを見て、トータル面での成長を期待します。このように「PhDの有無で採用時のエントリーレベルが変わる」というのがアメリカの研究職の現実です。これは「アメリカと日本におけるPhDに対する社会的な価値観の違い」からくるものだと思います。

――「PhDに対する社会的な価値観の違い」ですか。一口で説明するのは難しそうですが、少し詳しく教えていただけますか。

大きく分けて二つの違いがあると思っています。一つは「PhDの社会的評価」です。日本での現在のPhDの社会的評価は、日本の文化や社会が作り出した結果なのかもしれません。例えば自分が院生で就活をしていた頃、「博士卒」と「修士卒」の募集要項において仕事でのresponsibilityの差を明記しているところはありませんでした。それは「日本の修士卒の学生さんのレベルが平均して高い」ということの証左である、という意味では良いのかもしれません。しかし言い換えれば、時間をかけて専門分野の知識を深めてきたPhDホルダーの学生さんへの「期待値」が企業ではそれほど高くないように感じました。PhDの研究遂行能力やアイディアがもっと評価され、企業でのresponsibilityが上がれば、博士課程で専門分野の知識を深めた学生さんの活躍の場も増えるのではないかと思いました。

もう一つの違いは「PhDの重み」です。大学で得られる学位について比喩を含めて日本語の表現をいろいろ聞きますが、学位は肩書のお飾りでしかないかのような言い方をされているのを聞くととても残念に思います。そんなに日本では、PhDの責任や重みが少ないのでしょうか。それから多くの方々にとってPhDを取得することだけがゴールになっていて、その先の目標が見失われているようにも感じます。

——なるほど、確かに「博士号を取った」ということだけで安心してしまい、それ以降自分が何をしたいかをあまり考えなくなる……というのはありそうですね。鎌谷も若かりしころを振り返ってみると、恥ずかしながらそういう気持ちだったかもしれないです。

ところでアカデミア（特に理系）に進まれる方にとってはPhDが必須ですが、企業へ進まれる方が時間をかけ大変な思いをしてPhDを取得する理由は何でしょうか？

先にもお話ししましたが、アメリカの企業ではPhD保持者に対する仕事のresponsibilityが違います。また、ひとたび日本を出れば「PhD保持者＝それだけのサイエンスのレベルと経験を持つ人」とみなされます。アメリカの多くの製薬企業のPhDエントリーレベルではポスドク経験が必須となりますので、PhD取得後にどれだけ結果を出しているかも重要になってきます。日本でのPhD保持者に対する社会的責任や期待が高まるためにも、企業のPhD保持者の方々がサイエンスをリードしていることをもっと日本の世にアピールできればいいのかな……と思いました。

長々と話してしまいましたが、結論として「製薬会社の研究者になるのにPhDは必要か？」という質問に関しては、単純には「ノー」という答えになりますが、海外でグループをリードするような立場を目指しチャレンジしたいのであれば「イエス」となります。

女性研究者としてのキャリアプラン

――ところで先ほど「キャリアプラン」という言葉が出てきましたが、女性研究者のキャリアプランについて、日ごろ感じておられることをお伺いしてもよろしいでしょうか。

アメリカでの女性研究者の活躍については学ぶことがたくさんあります。アメリカではお子さんのいらっしゃる女性研究者や管理職は多いです。それは、子育てをしながら働くという環境が整っているからだと感じました。男女問わず、上司も同僚も、妊娠・出産・育児について理解がありサポーティブですし、「家族との時間を大切にする」「パートナーと二人で家事も育児も分担する」という考えが背景としてあるから、女性もキャリアプランを考えやすいのだと思いました。

女性に限らず、私たちがキャリアパスを考えるときライフイベントに左右され影響を受けることになります。ライフイベントは、結婚や出産、育児、親の介護、自身の体調不良や怪我など、多岐にわたります。

特に女性は妊娠・出産を考えるとき、どうしても「年齢」のことを考慮に入れなければなりません。医療技術が進み、「人生百年時代」などといわれ、高齢出産も稀ではない時代になりましたが、女性の生殖機能の適齢期は結局変わりません。そして、女性・男性を問わず「仕事が面白い」と乗ってくるタイミングはどんな業種・職種でも大体三十代だと思います。そんな時に、妊娠・出産でキャリアプランが変わる、と考えてしまうのが日本の女性の現状なのだと思いました。

――確かに鎌谷の現在の職場でも、産休をとられる女性社員の数は三十代がピークなのかな……という印象です。

私は、子供を持つことで仕事を諦めたとかキャリアパスが遅れたなどと思いたくなかったので、「自分の納得のいくところまで仕事をこなしてから子供を持ちたい」と高校生のころから思っていました。今がやっとそう思えるタイミングですが、気づけば世間でいう高齢初産の年齢です。

私の経験を元に、研究職を目指す女子学生さんや仕事が楽しい二十代後半や三十代の女性研究者にアドバイスをするなら「今、少しでも『将来子供が欲しいかも』と思うなら、その時が子供を持つタイミング」です。キャリアは逃げません。大学卒業から定年退職までの約四十年の社会人生活を考えると、妊娠・出産の一年は一瞬の出来事です。今はだいぶ考え方やサポート制度も変わったとは思いますが、もしかしたら日本の世間的・社会的な理解が追い付いてなくて、女性が妊娠・出産・育児をしながら働くにはまだまだ厳しい状況かもしれません。しかし、高齢になれば妊娠が難しくなります。若くても妊娠しにくい体質の人もいます。不妊治療を始めるにも、時間もお金もかかります。もし、キャリアプランと子供を持つことに悩んだのなら「子供を持つことをためらわなくていい」とアドバイスをしたいです。

――第一線で活躍されてきた女性研究者ならではの熱い想いのこもったアドバイス、ありがとうございます。先ほど少し話されていましたが、アメリカでは女性研究者が妊娠・出産を経てもキャリアを積む環境ができているのですね。木本さんが見聞きした範囲で結構ですのでもう少し詳しく教えていただけますか。

私は実はこれまで、少なからずキャリアパスを優先した人生を歩んでいました。今の勤め先では上司や周りの理解もあって、男性も育児・家事をするのが当然というマインドセットになっていますが、私自身はそんな職場環境の中でも「妊娠中や産後は妊娠前のようなペースでは働けないから、キャリア形成のペースはゆっくりになる」と勝手に思っていました。

ところがそもそもの話、アメリカでは産休の期間が日本とずいぶん違います。会社や州によって認められている産休日数は異なりますが、私の働く会社の産休は産前と産後を合わせて十二週間と規定されていて、これに個人で持っている有給休暇二～四週間をつけた十四～十六週くらいが職場で皆さんが取得する産休の平均です。これ以上休みが欲しい人は無給休暇となります。日本のような出産手当金の支給もありません。言い換えれば、産後三ヵ月ほどで女性たちは職場に戻ってくるのです。日本の大企業は、一年以上休職できる産休・育休取得制度を持っているところが多数ありますが、皮肉なことに、この充実した制度が女性のキャリア形成にマイナスに働いている面もあります。日本のように長期休職が保障されていると「職場を離れるとキャリアが停滞する」と考えてしまいますが、約三〜四ヵ月で職場復帰するならそんな考えも消えますよね。

欧米では産休期間が短くても済む理由

——確かに鎌谷がアメリカやイギリスで働いていた頃、職場の女性の皆さんの産休期間がとても短かったことを思い出しました。日本は産休が一年もあるのはよいことなのかと思っていましたが、確かに職場復帰とかキャリアの継続という意味ではハードルが上がってしまうのですね。

はい。でもそんな職場環境の中でも私は「乳飲み子を持ちながらの研究者のキャリアディベロップメントは難しいのではないか」と思っていました。

その先入観がガラッと変わったのが、スウェーデンからの女性ポスドク（博士研究員）を採用し一緒に仕事をしてからです。彼女がアメリカでポスドクをするために、旦那さんはスウェーデンでの仕事を辞めて家族で渡米してきました。彼女に対して発給された米国ビザは配偶者の現地での就労が認められていないものだったため、旦那さんはアメリカで働くことができませんでした。そこで旦那さんが育児と家事をこなし、奥さんがポスドクの研究に精を出していました。渡米当初、お二人の子供の年齢は三ヵ月ほどでした。ポスドクは僅かな期間の中で結果を出さなければいけないというシビアな環境の中、彼女は見事に実験もしっかりこなし結果も出して、ポスドクを終えてくれました。そんな彼女を目の当たりにした私は「女性研究者は小さな赤ちゃんがいても、旦那さんの完全サポートを得てここまでしっかりキャリアを積めるんだ」と考えが変わりました。ここでのキーポイントは、旦那さんの仕事に対するフレキシブルな考えがあったから、この形態が可能となった、とも言えます。

――お伺いしていると、日本では社会環境だけでなく、鎌谷を含めた男性陣のマインドセットもどんどん変えていかなければならないと身につまされる思いです。

結局は「『女性が』仕事と育児の両立をしなきゃいけない」という概念が変わらない限り、日本で子供を抱えて働く女性の環境は変わらないと思います。これは、本人だけでなく同僚や上司など周りもです。女性だけが仕事と育児の両立をしなきゃいけないのではない、夫婦共働きであれば二人が仕事と育児・家事をこなすもの、お互いサポートし合う、という風に考えないと、女性一人で両立するなんて無理です。男性は妊娠・出産ができない分、妊娠中の妻のサポートや育児・家事の分担に積極的であって欲しいと思います。今の日本の社会も一昔前に比べれば大分変わったとは思いますが、それでも女性がキャリアアップを諦めているイメージがまだあります。欧米でも過去に日本と同じような問題があって、その反省から今の態勢ができていると聞いているので、日本も他国の経験から学び、男性も女性も子供を持ちながら生き生きと働ける、よりよい態勢ができることを願っています。

——さて、アメリカで働くというとリストラの心配をしてしまいます。鎌谷もその昔アメリカでリストラに遭って大変な思いをしましたが、木本さんは将来の不測の事態に備えて何か心掛けていることはありますか?

アメリカではレイオフが日常的にあります。万が一、職がなくなる結果になった場合、就活して直ぐにポジションが得られるように、自分の価値を高めておかなくてはいけません。つまり、自分のアピールポイントを作ることです。自分の今までの業績をアピールするためにも、学会発表や論文といったユニバーサルに評価される経歴を持っていることは大切になります。また、自分の信念・こだわりを持つことも大事です。「頑固に我を通す」というわけでなく、「研究者として自分の信念を持ち、個性として生かす」という意味です。

――なるほど、将来の備えとしても研究者のキャリアをしっかり積んでいくことが大事ということですね。それからもう一つ、ぜひお伺いしたいのが、これだけアクティブに研究されている木本さんは余暇をどう過ごされているのか……というか、そもそもお休みをちゃんと取っておられるのかが心配です。

日本の研究所で働き始めた当初はスノーボード、ウェイクボード、ゴルフをやっていました。アメリカへ来てからはフラメンコや歌を始めました。歌はスタンダードジャズ、ミュージカルソング、カントリーソングなどです。それから友達にサーフィンに連れていってもらったりしていますが、アメリカ東海岸の海は北海道の海のように冷たいんです。あとはマラソンですね。今は地元の十キロレースにも出ています。大会で自分の記録を更新するのがモチベーションになって走っています。

——やっぱり木本さんは余暇の時間も研究しているのと同じくらいパワフルだ……メタボのオジサンは完敗です（笑）。

あ、それからつい最近、ゼンタングル認定講師になったんです。

——ゼンタングル？

はい、ペンを使ったパターンアートの一つで、その過程でリラックスしたり瞑想のような効果が得られたりします。

一つのことに集中すると私たちは無心状態になりますよね？　簡単で単純なパターンを繰り返し描いてアートを仕上げるのと、マインドフルネスとを結び付けたものがゼンタングルメソッドです。これは、私がアメリカで心がすっと軽くなった〝Nobody is perfect〟〝There are no mistakes in life, only lessons〟を表した概念のアートだと思います。

――素敵な時間ですね。研究に話を戻しますが、これまでの研究者としての歩みを振り返って一番嬉しかったことを一つ教えていただけますか。

研究者として嬉しかったことですか？　ハッピーだった瞬間ですよね？　研究者としての人生がまだまだ短く、うまく言い表せる自信がありませんので「一番楽しかったこと」とあえて質問内容を変えさせてください（笑）。

それは「同じく研究を志した大学からの親友（心友）と研究について熱く語り合う時」でしょうか。お互い専門は違うのですが、サイエンスについての考えは一致しているので、話せば話すほど暑苦しいです。寝る間も惜しんで語り合います。

夢を諦めないでチャンスを逃すな

――ずいぶん長い時間話し込んでしまいました。今日は本当にありがとうございます。最後になりますが、日本の若い研究者へのメッセージをお願いします！

このインタビューが文章になったものを読んでいただいた方の中には「この人、アメリカナイズされている！」と反感を持たれる方もいらっしゃるかもしれません。アメリカと日本の違いなどをたくさん話しましたが、決して私はアメリカ信者なのではありません。四半世紀以上も日本で暮らしてきましたので、私のベースは日本にあり、日本が大好きです。日本のいいところがもっと世界に発信されればと考えて、日々アメリカで働いています。

皆さんにお伝えしたいメッセージは二つあります。

一つ目は「日本の研究レベルや内容は非常に高い」ということです。ですので、ぜひとも世界でもっと発表をして、日本ではどれだけ進んだインパクトのある研究をしているかを発信し続け、世界に見せつけてください！

二つ目は「夢や目標があるなら、決して諦めないで、チャンスを逃さない」ということです。新たな環境へ一歩踏み出すには勇気がいりますが、チャンスを逃すことほど後悔することはありません。新しい冒険にチャレンジしてみましょう。モチベーションとポジティブシンキングと楽しむ気持ちがあれば、どんな局面でもそれなりに困難を乗り越えて、多くのことを吸収し成長していけると思います。自分の感性を大事にし、自分の選択に自信を持って進んでください。

このインタビュー記事を読んでくださった方々と、いつかどこかで繋がって一緒に仕事ができればこんな素晴らしいことはありません。私の経験談が、少しでも皆さんの参考になれば嬉しいです。

企業研究者
インタビュー
その❷

ノヴァン株式会社（米国ノースカロライナ州）バイスプレジデント

中鉢知子さん

――まず、略歴について教えてください。

私は大阪大学医学部を卒業した後、同じ大学の付属病院で皮膚科の研修を一年してから、医学部大学院博士課程の学生兼研修医として皮膚癌の研究をしていました。院生の時に、参加したとある国際学会にいらっしゃったボストン大学のBarbara Gilchrest先生に「ぜひあなたのところで研究がしたい」と申し出たところ幸いにして受け入れてもらえたので、博士課程の途中で渡米したのです。

――すごい決断ですね。博士になった後も日本の大学で研究に邁進する……ということはお考えにならなかったのですか？

当時の日本の医学部は女性がキャリアを積むことがとても難しい環境でした。大学院を修了した他の男性医師が徐々に助手（現在の「助教」職）のポジションを得ていく中で、私はボストンで二年半のポスドクを経験した後でさえ、「お金を出してくれたら研究生として大学で働かせてあげてもいいよ」などと言われる始末です。給料をもらうどころかお金を払わないと働けないなんて到底受け入れることができませんでした。

――それはちょっとひどいですね。結局どうされたのですか？

結局、日本に帰国した後は半年ほど研究生をして、更に一年間厚生年金病院で勤務医として働いてお金を貯めた後、今度はカナダに渡って「シニアポスドク」としてアルバータ大学に在籍しました。ここで一研究者としてマウスを使った皮膚癌の研究に取り組んだのですが、研究室の教授の信頼を勝ち得て研究室のマネジメントをさせていただくことができました。複数の研究者とチームで働くことを学ぶきっかけにもなりました。この時の経験は企業に就職した後でとても役に立ったと思います。

「医師の資格を持つ会社員」として外資系企業で働く

――アルバータでのポスドクの後、会社員となられたのですね。

北米の大学に残って基礎研究を続けるということも考えて、実際に大学のポジションのオファーもいただいたのですが、どうしても給与の面で厳しくて……。せっかく医師免許を持っていてチームマネジメントの経験もあるのだから別の可能性もあるのではないかと考えていました。

そこに日本のリクルーターから「日本にある製薬会社が『医師の資格を持っていて博士号を持ち英語が堪能な人を探している』と言っている」という連絡をいただいたので面接の上、採用していただきました。ファイザー株式会社の東京本社です。

――日本では医師の資格を持つ人の多くが開業医になるという印象を持っていたのですが……。

欧米では医師免許を持つ人が製薬会社で働くということは珍しいことではないのですが、日本ではまだとても少ないですね。いたとしても多くがメディカルアフェアーズ部門や安全性評価部門など医学知識が直接役立つ職種がほとんどで、新薬の開発職ではあまり見かけません。これに対して欧米では開発職でも医師の資格を持つ人がたくさんいますよ。

――「医薬品の開発職」というと、新薬候補品の臨床試験を企画・実施する仕事ですね。製薬会社での研究開発というと実験室でフラスコを振っているイメージしか湧かない方も多いと思いますので、「開発職」について少し詳しく教えてください。

新薬候補品の開発にあたっては、実際に患者を診る医師と製薬会社が共同で臨床試験を実施します。この際、試験デザインを考え、実施計画書（プロトコル）を書き起こし、社内外の必要な承認をいただいた上で病院の医師の皆さんに実施していただくのが臨床開発担当者（クリニカルリード）の仕事になります。また、実施した試験の結果が良好であれば新薬として国に申請を行いますので、当局の担当の方々に対して臨床試験のデータの説明なども行います。

——ファイザーの東京本社ではどういう開発に関わられたのですか？

骨粗鬆症の新薬開発に取り組みました。日本が参加する国際共同試験の企画実施に加えて、日本人を含むアジア人の至適用量を決める日本・韓国・台湾の共同試験もやったのですが、残念なことに世に出すことができませんでした。

再渡米してグリーンカードを取得

——この後、アメリカのファイザーで働くことになったと伺いました。きっかけについて教えてください。

東京本社では臨床試験の実施だけでなく社外での業界活動などにも関わることができて、充実していて学ぶことも多かったのですが、全てのプロジェクトがアメリカ主導で行われているのでアメリカで実施済みもしくは計画中の臨床試験デザインを日本で実施できるようにするというものばかりでした。私は自分で試験デザインを一から考え、実施する仕事がしてみたかったのです。そんな時にアメリカのラホヤ研究所に出向する形でクリニカルリードをするという機会をいただき、再度渡米することにした次第です。鎌谷さんがサンドイッチに引っ越しされた後（二〇〇六年十月）でしたよ。

――入れ違いだったんですね。それは残念です。

そうですね。でも受け入れてくださったラホヤの方々にはとてもよくしていただいて、六ヵ月間の出向期間が終了した後は「転籍」の形でラホヤ研究所所属の社員として仕事を続けさせてもらうことができるようになりました。それだけでなく、「就労ビザだと将来どうなるかわからないから」とアメリカの永住権（グリーンカード）取得のサポートまでしてくださったんですよ。

――ラホヤではどんなプログラムに関わられたのですか？

本当は自分の専門である皮膚科領域での仕事ができたらよかったのですが、ラホヤでいただいた仕事は眼科領域の開発プログラムでした。緑内障治療薬として既に発売済みの点眼薬について、ヨーロッパ当局の要請に応える形で小児の適応をとるための臨床試験を企画・実施することになったのです。

——それは重要なお仕事ですね。大変だったのではないですか？

はい、私にとって初めての「グローバル・クリニカルリード」としての仕事だったので、次に何が起こるかわからないという中でがむしゃらに働きました。しかも眼科領域は社内リソースが少なくて、特に申請の時なんか椅子に座って仕事のし通しだったせいで腰を痛めてしまいました。

小児の緑内障は先天的なものが多くて、アメリカなどの先進国では手術で治療するのが一般的なので臨床試験に参加していただける患者さんを集めることができませんでした。それでウクライナやフィリピンなど世界四十ヵ国以上で実施する必要があったのであちこち飛び回ることになったんですよ。

――すごい……想像するだけでもプロジェクトを牽引する緊張感が伝わってきます。

はい、それだけに臨床試験が無事終了し当局から承認をいただいた時は本当に嬉しかったですね。この前にも骨粗鬆症も含めていろいろな仕事に関わりましたし、このプロジェクトの後は念願かなって皮膚科領域のプログラムも担当させてもらったのですが、今振り返ってみて何が一番嬉しかったかと問われればやはり「緑内障治療薬の小児適応承認取得」と答えますね。キャリアの幅が広がるきっかけになったわけですし。

――やっぱり、最初の成功体験はとても印象に残りますし、思い入れも大きいことと思います。さて、アメリカでの仕事は日本とはやはり違いましたか？

アメリカやヨーロッパの主要国においてそうなのですが、臨床試験の立案・実施にあたってはその疾患の世界的権威の先生方が「共同研究者」として参画してくれるところが日本と大きく違います。日本で臨床試験を実施する際は特に、その領域の専門家の先生方はみな「アドバイザー」として私たちより一段高い扱いがなされていて、相談したいことがあっても営業担当者を通してアポをとるような形になってしまうのですが、アメリカを含めた諸外国ではそんな煩雑な手続きは必要なく、専門家契約した後は電話などで気軽に話すことができます。何より、私も医師の資格を持っているので、「この人は開発のエキスパートの医師である」と認めてくれて対等の立場で話してくださるのがいいですね。私が治験の説明のために病院を訪れると院内の見学までさせてもらえることもありました。

医学研究者との付き合い方が日米では違う

――なるほど、医師の資格を持つ人が企業で臨床開発に関わるのは大きなメリットがあることがよくわかりました。ひるがえって日本ではなぜ医学部出身の人が製薬会社で開発に関わらないのか、とても不思議です。

これは日本に限ったことではないのですが、そもそも医師の皆さんは「医療の専門家」としてトレーニングを受けているためにチームワークで仕事をすることに慣れていません。臨床試験は医者が一人いれば実施できるものではなく薬事や統計の専門家を含めて多くの方々が関わる仕事なのですから、リーダーとしてチームをまとめるだけでなく、わからないことがあればその分野の担当者に聞きに行くような「学ぶ姿勢」がないと務まらないのですが、これができない医者が多いのだと思います。臨床試験の企画・実施にあたってのルールを記載した社内ＳＯＰ（手順書）の遵守が求められるのも苦手なようですね。

これに加えて、日本特有の事情としては「製薬会社と共同で研究する」ということに馴染みがないということもあると思います。日本の医師にとっては製薬会社との関わりといえば専ら営業担当者を通してのみですし、そもそも私が学生時代の医学部の教育カリキュラムには「臨床開発」がありませんでした。こんな状態ですので医者として得た知識がそのまま医薬品の開発に使えるというわけではないのですね。

今の医学部でのカリキュラムはどうなっているかよく知らないのですが、授業の一環として「ニュー・イングランド・ジャーナル・オブ・メディスン」など一流の英字論文誌を読み込んで臨床試験のことを勉強する機会があってもいいのではないかと思っています。

——日本で仕事をする身として何とも耳の痛い話です。逆に日本の方がいいと思うところはありますか？

データの信頼性を含めた臨床試験全体のクオリティですね。とにかくデータがきれいです。もっともクオリティを追求しすぎるあまりに開発にお金がかかりすぎるという欠点もありますが。あとタイムラインの重視。

——鎌谷が専門の原薬製造でもそうなのですが、やはり納期を必ず守るのは日本人の美点ですか？

そうそう。東京で仕事をしていた折、統計担当の方に「この日までにレポートをください」とお願いしたらその日の午後十一時五十七分に送ってきてくれたことがありました。私も会社でそれを待っていました。アメリカでは考えられないです（爆笑）。

医薬品業界のベンチャーで働く

――ところで、アメリカの大手製薬会社に勤められた後、今はベンチャー企業で働いておられると聞き、驚きました。

従業員約四十人の会社で、現在は皮膚疾患のための塗り薬を開発しています。人員の半分以上は薬の製造方法を研究している人たちで、臨床開発に携わっているのは十人くらいです。私はその責任者ですが実施計画書はほとんど自分で書き、臨床試験の実施を専門とする外部業者（CRO）を使って臨床試験を行っています。

――大手の製薬会社との違いは何ですか？

何といってもスピード感ですね。計画書を自分で書いて自分で実行するのですから（笑）。とはいえ医薬品開発にフォーカスしたベンチャーですから開発資金は限られているので、いずれは大手の製薬会社に導出することで次の候補品の開発をする資金を得ることになると思います。あと株式も上場しているので投資家に株を買っていただくための信頼関係の構築も大切ですね。

――なんだか、とても夢のある話ですよね。

もともと大学発のベンチャーとして誕生した会社なので本当にわくわくしますよね。アメリカの公的機関にも研究費の申請をしていますし。

――ベンチャー企業って、IT分野のような若い人たちの集まりのようなものを想像していたのですが……。

少なくとも医薬品業界における新薬開発のベンチャーは若い人にはできません。大手製薬会社を渡り歩いて経験を積み、治験の実施計画書も自分で書くことができ、各国の規制要件にも通暁した百戦錬磨のプロでないと臨床開発を行うのは無理ですね。

――なんだか、毎日が緊張の連続で大変のように思えます。余暇はどう過ごされていますか？

ヨガとハイキングですね。今はノースカロライナ州に住んでいるのですが、これまで住んでいたところより自然が豊かでハイキングには絶好のエリアです。ここに住むことになって本当によかったです。生活しやすいし、アメリカのカルチャーが気に入っています。リタイア後もあそこに住み続けたいと思っています。

――え、そうなんですか？　日本ではもう働きたくない？

日本に遊びに来るのはＯＫなんですが、また日本で働くということは今は考えていません。それくらい、アメリカでの仕事と生活が気に入っています。

日本の医師だって海外で活躍できる

――アメリカで仕事をする日本人としてハンディを感じられたことはありますか？

英語をしゃべること自体にはあまり不自由は感じません。上手な英語でしゃべろうというこだわりはなくて、ブロークンでもとにかく伝わればいいと思っています。ただ聞き取る方は北米の英語と日本訛こそＯＫなのですが、インドやフランスの人たちの英語はわからなくて苦労しています。

もちろん言葉だけでなく、文化的な違いも克服する必要があります。国が違えば「常識」も異なりますから、とかく遠慮しがちな日本人のままでいると「あなたはあまりにも人がよすぎる」と言われてしまいますね。私はアメリカとカナダで合計五年間ポスドクをしていたおかげで、遠慮せずノーと言うことができるようになりました。

――日本の大学を出ただけでは、外国人と対等に渡り合うことは難しいのでしょうか。

日本の医学部で学んだだけだと言葉の壁を克服するのは難しいかもしれません。中国や韓国では教科書も英語を使っているようですが、日本ではそもそも先生が英語を話せませんからね。でも日本人の医学部の学生さんの中には、欧米の医学部卒業資格を取得して現地の医師免許を取るような人も出てきているみたいですよ。

――そうなんですか、すごく意欲的ですね。

私は日本の医師がもっと海外で活躍して欲しいと思っているのです。日本の医師免許では海外の患者さんを診察することこそできませんが、製薬会社に入ればどの国の免許であろうと「医師」として接してくれますし、治験に参加する世界各国の医者の皆さんも対等に接してくれます。

一人でも多くの日本人の医師の方に製薬会社での医薬品開発に興味を持ってもらい、この分野で世界を舞台に活躍してくださることが私の願いです。

おわりに

僕の目を通して描いた「企業研究者のリアル」ともいうべきこの本、お楽しみいただけただろうか。

講談社ブルーバックスシリーズを含めこれまであまり取り上げられることのなかった分野に切り込んだ本書であるが、実はとある「偶然」がきっかけで生まれたものである。

僕が東京で働き始めて六年が過ぎたある日、とある新聞広告で目にしたブルーバックスの新刊の中に僕が製造を担当した製品のことが書かれているものがあることを知った。「おお、こいつもついにあの有名なブルーバックスに載る時が来たか」と喜び勇んで近所の本屋で買い求め、ページをめくってみてびっくり仰天、その製品の化学構造式が間違っていたのである。

慌てて講談社に連絡して修正をお願いしたところ、早速担当者の髙月順一さんから連絡があり直接お会いすることとなった。構造式が間違っていた……といっても誤植に近いレベルだったのに髙月さんは平謝りで僕は大変恐縮してしまったのだが、髙月さんは何と僕が二十年ほど前に出版した『アメリカへ博士号をとりにいく』（化学同人刊）を読んでくださっていて、その場でブルーバックスシリーズのために若い企業研究者や研究を志す若い皆さんのための本を書いてくれないかとお願いされたのである。

僕が中高生の時に愛読したあのブルーバックスのために何か書く……あまりに恐れ多いリクエストに腰を抜かさんばかりに驚いた僕は「そういう内容ならどこかの企業の研究所長クラスの方に書いていただいた方がよくないですか?」とやんわりお断りしてみたのだが、高月さんから「いやいやそれだと若い世代の皆さんが欲している情報と乖離がでてしまうのでダメです」と押し返されてしまい、途方に暮れながらもとりあえず書き始めてみることにした、というわけである。

すでに研究所から離れてしまっている身として何か書けるのか……最初こそずいぶん悩んだのだが、書き始めてみれば思ったよりすらすら進んだ。特に僕の経験を語る部分ではずいぶん前のことながら懐かしく思い出し、楽しい時間になることも多かった。ご担当いただいた髙月さんのおかげと感謝している。

冒頭にも記したが、この本は僕の経験や目をベースに執筆されている。だから誤りや意見の相違がある場合は全て僕個人の責任であることを再度お断りしておきたい。また、独りよがりな内容になることを避けるために企画・実施した二つのインタビューにご協力いただいた木本絵美さん、中鉢知子さんにも心より御礼申し上げたい。もちろん、この部分についても文責は全て僕にある。

このインタビュー部分を含め、本書の内容の多くは今回初めて書き下ろしたものだが、一部は十年以上前に化学同人の月刊誌『化学』のために書いた『鎌ちゃんの合成技術研究所へようこそ！』『研究者ノート』という二つの短期連載の内容を加筆修正の上で掲載している。こちらへの転載をご快諾いただいた化学同人の皆さんにも御礼申し上げたい。

この本のかなりの部分が僕の研究所時代の経験を記述したものだが、実際に携わった研究の細かい内容にはあまり触れていないことを奇異に感じる方もいらっしゃるかもしれない。しかしそれには理由がある。僕の研究所時代のプロジェクトを説明するためには化学構造式の提示が欠かせないのだが、それを見た読者の皆さんが「化学構造式アレルギー」を発症（？）して脱落してしまうことを恐れて一切触れないことにしたのだ。その代わりに……と言っては何だが、巻末に僕の岡崎、ラホヤ、サンドイッチ時代の論文リストを載せておいた。化学構造式のオンパレードである上に本文が英語という二重のハードルがあるが、もし機会があればお読みいただければ幸いである。

また、この本ではあまり多くは触れることができなかったが、日本の大学時代の恩師である村井眞二先生にはいくら感謝してもし足りない。在学中にいただいた研究テーマの革新性もさることながら、そもそも先生から「アメリカでドクターとらへんか」と言われていなかったらこれほどの貴重な経験を積むことはできなかった。今の社会人としての僕があるのは村井先生のお陰と言っていい。この場を借りて先生のこれまでのご指導に心から御礼申し上げたい。

そして最後に、僕の学業や仕事の都合で国境越えを含めいろいろな場所への移動についてきてくれた妻の郁子と娘の雛子・麗奈にも感謝し、三人にこの本を捧げたい。ありがとう。

研究所時代の主要論文リスト

岡崎での研究

Akao, A.; Hiraga, S.; Iida, T.; Kamatani, A.; Kawasaki, M.; Mase, T.; Nemoto, T.; Satake, N.; Weissman, S. A.; Tschaen, D. M.; Rossen, K.; Petrillo, D.; Reamer, R. A.; Volante, R. P. “Practical Synthesis of a Potent Indolocarbazole-based, DNA Topoisomerase Inhibitor.” **Tetrahedron** 2001, *57*, 8917–8923.

ラホヤとサンドイッチでの研究

de Koning, P. D.; McAndrew, D.; Moore, R.; Moses, I. B.; Boyles, D. C.; Kissick, K.; Stanchina, C. L.; Cuthbertson, T.; Kamatani, A.; Rahman, L.; Rodriguez, R.; Urbina, A.; Sandoval, A.; Rose, P. R. “Fit-for-Purpose Development of the Enabling Route to Crizotinib (PF-02341066).” **Organic Process Research & Development** 2011, *15*, 1018–1026.

さくいん

N.D.C.407　218p　18cm

ブルーバックス　B-2122

企業研究者《きぎょうけんきゅうしゃ》のための人生設計《じんせいせつけい》ガイド

進学・留学・就職から自己啓発・転職・リストラ対策まで

2020年1月20日　第1刷発行

著者　鎌谷朝之《かまたにあさゆき》

発行者　渡瀬昌彦

発行所　株式会社講談社

〒112-8001　東京都文京区音羽2-12-21

電話　出版　03-5395-3524

販売　03-5395-4415

業務　03-5395-3615

印刷所　（本文印刷）豊国印刷株式会社

（カバー表紙印刷）信毎書籍印刷株式会社

本文データ制作　ブルーバックス

製本所　株式会社国宝社

定価はカバーに表示してあります。

ISBN978－4－06－518469－1

発刊のことば

科学をあなたのポケットに

二十世紀最大の特色は、それが科学時代であるということです。科学は日に日に進歩を続け、止まるところを知りません。ひと昔前の夢物語もどんどん現実化しており、今やわれわれの生活のすべてが、科学によってゆり動かされているといっても過言ではないでしょう。

そのような背景を考えれば、学者や学生はもちろん、産業人も、セールスマンも、ジャーナリストも、家庭の主婦も、みんなが科学を知らなければ、時代の流れに逆らうことになるでしょう。

ブルーバックス発刊の意義と必然性はそこにあります。このシリーズは、読む人に科学的に物を考える習慣と、科学的に物を見る目を養っていただくことを最大の目標にしています。そのためには、単に原理や法則の解説に終始するのではなくて、政治や経済など、社会科学や人文科学にも関連させて、広い視野から問題を追究していきます。科学はむずかしいという先入観を改める表現と構成、それも類書にないブルーバックスの特色であると信じます。

一九六三年九月

野間省一

ブルーバックス　趣味・実用関係書（Ⅱ）

ブルーバックス　趣味・実用関係書（III）